Beverly LaHaye

Das geistliche Leben der Frau

VERLAG SCHULTE + GERTH, ASSLAR

Die amerikanische Originalausgabe erschien im Verlag Harvest House
Publishers, Irvine, CA., unter dem Titel THE SPIRIT-CONTROLLED
WOMAN
© 1976 by Harvest House Publishers, Irvine, CA.
© der deutschen Ausgabe 1977 Verlag Schulte + Gerth, Aßlar
Aus dem Amerikanischen von Marga Schmoll

Best.-Nr. 15 355
ISBN 3-87739-355-1
1. Auflage 1983
2. Auflage 1985
Umschlaggestaltung: Gisela Scheer
Foto: Mauritius
Satz: Typostudio Rücker + Schmidt
Druck: Druckhaus Benatzky, Hannover
Printed in Germany

INHALTSVERZEICHNIS

VORWORT

Liebste Bev!

Seit Jahren werde ich immer wieder gebeten, ein Buch über die Temperamente und das geisterfüllte Leben, speziell aus der Sicht der Frau, zu schreiben. Wohl habe ich die Notwendigkeit dazu erkannt, doch liegt mein Problem darin, daß ich nun einmal nicht wie eine Frau denke und empfinde. Diese Aufgabe müßte schon von einem Mitglied des „zarten Geschlechts" angepackt werden. Und damit war ich offenbar aus dem Rennen.

Als Bob Hawkins Dich bat, ein solches Buch zu schreiben, konnte ich ihm nur von Herzen zustimmen, und das aus zwei Gründen. Zum einen befaßt Du Dich schon seit Jahren intensiv mit den vier Temperamenten, zum anderen kann ich bezeugen, daß, seit Du Dich vor ungefähr dreizehn Jahren Gott völlig ausgeliefert hast, Dein Temperament unter der Herrschaft des Heiligen Geistes steht. Ich habe beobachtet, wie aus einer lieben, ängstlichen Sorgenmaschine, die sich selbst vor ihrem eigenen Schatten fürchtete, eine reizende, kontaktfreudige, strahlende Frau wurde, die Gott dazu gebrauchen konnte, durch ihre Vorträge über das geisterfüllte Leben Tausende von Frauen zu inspirieren, Jesus Christus und das reiche Leben, das er schenkt, anzunehmen.

Wie köstlich war es für mich, Dir zuzuschauen, wie Du abends im Schein der Lampe Zeile für Zeile niederschriebst. Vor dreizehn Jahren noch hättest du von der ersten bis zur letzten Seite in Angst geschwebt. Heute setzt Du Dein Vertrauen auf den, der über all unser Bitten und Verstehen hinaus überreichlich tun kann – und es ist geschafft.

Ich finde, Du hast eine großartige Arbeit geleistet, und ich werde mit Dir beten, daß die Gedanken, die Du in Deinen Vorträgen so erfolgreich weitergeben durftest, nun durch die Lektüre dieses Buches einem noch größeren Kreis zum Segen werden. Auch werde ich dafür beten, daß viele Deiner Leserinnen die gleiche Wandlung in ihrem Leben erfahren wie Du.

Ehrlich gesagt, die neue Beverly gefällt mir wesentlich besser als die alte. Natürlich habe ich Dich immer geliebt – schließlich ist das ja ein Befehl Gottes! Doch seit Du mit dem Heiligen Geist erfüllt wurdest, finde ich Dich noch viel anziehender und liebenswerter. Ich kann mir denken, daß es anderen Ehemännern genauso gehen wird, wenn ihre Frauen erst einmal das Glück eines Lebens, das unter der Herrschaft des Heiligen Geistes steht, erfahren. Ich kann Gott gar nicht genug dafür danken, daß er Dich mir geschenkt hat.

Mit vielen lieben Grüßen

Dein
Tim

Die fehlende Dimension

Vor dreizehn Jahren entdeckte ich, was in meinem Leben eigentlich fehlte. Bis dahin war ich ein ängstlicher, introvertierter Mensch gewesen mit einem recht schwachen Selbstwertgefühl. Als junge Ehefrau lebte ich ständig in der Furcht, hinter den Erwartungen unserer Freunde zurückzubleiben. Aus dem gleichen Grund tat ich mich auch als Gastgeberin in unserem Heim sehr schwer. Die meisten Einladungen, vor Frauengruppen zu sprechen, sagte ich ab – aus dem einfachen Grund, weil ich mir höchst unzulänglich vorkam und ernsthaft zweifelte, ob ich ihnen wirklich etwas zu sagen hatte. Wer legt schon Wert auf die Äußerungen einer jungen Frau, deren einzige Errungenschaft im Leben darin besteht, vier Kindern das Leben geschenkt zu haben? Ganz zu Anfang unseres Dienstes stellte mir eine Dame, die es sicherlich gut meinte, die Frage: „Frau LaHaye, die Frau unseres letzten Pastors war Schriftstellerin. Was tun Sie eigentlich?" Das war ein harter Brocken für eine schüchterne 27jährige junge Frau. Aber sie brachte mich zum Nachdenken.

Ja, was tat ich eigentlich? Zugegeben, ich war meinen vier Kindern eine gute Mutter, meinen Haushalt beherrschte ich leidlich, mein Mann liebte mich. Was aber konnte ich tun, das für das Leben anderer Frauen von bleibendem Wert sein würde? Mir war, als hörte ich die Antwort: „Sehr wenig!" Irgend etwas fehlte in meinem Leben – etwas, das mir die Zuversicht und Gewißheit vermittelte, sagen zu können: „Ich vermag alles durch den, der mich mächtig macht, Christus" (Philipper 4,13).

Anläßlich einer Tagung in Forest Home, Kalifornien, hörte ich zum ersten Mal vom Erfülltwerden mit dem Heiligen Geist und die Auswirkungen auf das praktische Leben. Hier also war die fehlende Dimension in meinem Leben! Die Furcht, die mich gefangen hielt, war nicht von Gott. „Denn Gott hat uns nicht gegeben den Geist der Furcht, sondern der Kraft und der Liebe und der Zucht" (2. Timotheus 1,7). Genau das brauchte ich. Ich brauchte Vollmacht, Liebe und Sieg über meine Schwächen, um furchtlos und voller Zuversicht in die Zukunft blicken zu können und Gott seinen Plan in meinem Leben verwirklichen zu lassen. Dies alles war nur möglich durch die Erfüllung mit dem Heiligen Geist. Mir wurde klar, daß es Unrecht war, mich nicht so anzunehmen, wie Gott mich geschaffen hatte – ich war seine besondere Schöpfung, er selbst hatte mich wunderbar geschaffen! (Psalm 139,14). Und so bat ich Gott auf dieser Tagung, mich mit dem Heiligen Geist zu erfüllen und durch mich und durch diese neue Kraft in mir das Unmögliche zu vollbringen. Nichts verriet nach außen hin, was sich in meinem Inneren vollzogen hatte. Nur ein wunderbarer, stiller Friede hielt Einzug in meinem Herzen und mit ihm eine bis dahin unbekannte Gewißheit: nämlich, daß Gott aus meinem Leben etwas weit Besseres machen würde, als ich es je zu tun vermocht hätte. Es war ein Erlebnis ausschließlich zwischen Gott und mir. Ich hatte eine neue Kraft in mir, die mich befähigte, das Unmögliche für Gott zu vollbringen. Die fehlende Dimension war gefunden.

In den dreizehn Jahren, die inzwischen vergangen sind, habe ich Wunder über Wunder mit Gott erleben dürfen. Rückblickend auf diese Zeit und die wunderbaren Veränderungen, die darin stattgefunden haben, weiß ich, daß dies alles nur möglich war, weil der Heilige Geist über jeden Bereich meines Lebens die Herrschaft übernommen hatte.

Die vier Temperamente der Frau

Das Studium der vier Temperamente hat im Laufe der letzten zwölf Jahre mein Leben entscheidend geprägt. Zahlreiche Seminare widmete mein Mann diesem Thema, und ich konnte die Auswirkungen im Leben von Menschen beobachten, wenn sie anfingen zu begreifen, warum sie sich so und nicht anders verhalten, und daß es Abhilfe für ihre Schwächen gibt.

Unser Temperament kann unser Verhalten erklären, aber niemals rechtfertigen. Das Temperament als Teil unserer menschlichen Natur muß von unserer geistlichen Natur bestimmt werden. Zugegeben, unser Temperament, das uns mit in die Wiege gelegt wurde, ändert sich nicht, doch lassen sich die für das jeweilige Temperament typischen Schwächen mit Hilfe des Heiligen Geistes in den Griff bekommen, bezwingen und sogar korrigieren. Als erstes gilt es festzustellen, welche Eigenschaften unseres Temperaments sich hemmend auf unser geistliches Wachstum auswirken, um anschließend zum geistlichen Generalangriff überzugehen mit dem Ziel, diese Schwächen zu überwinden. Das Wissen um die Stärken und Schwächen jedes Temperaments bietet eine wertvolle Hilfe, uns und andere besser zu verstehen. Wenn wir begriffen haben, daß wir mit Hilfe des Heiligen Geistes unsere Schwächen überwinden können, wird er unser Temperament nach und nach beherrschen. Dadurch sind mein Mann und ich, jeder für sich, aber auch unsere Beziehung zueinander, verändert worden.

Des öfteren schon bin ich von Frauen gefragt worden, wann etwas über die vier Temperamente, speziell bezogen auf die Frau, geschrieben würde. Deshalb möchte ich nun die Gedanken weitergeben, die mir Gott gerade im Hinblick auf uns Frauen geschenkt hat. Als Grundlagenmaterial für meine Arbeit dienten die beiden Bücher meines Mannes, „Spirit-Controlled Temperament"[1] und „Transformed Temperaments"[2], sowie „Temperament and the Christian Faith"[3] von O. Hallesby.

Mein Buch ist keineswegs als erschöpfende Studie der vier Temperamente gedacht; dazu empfehle ich die Lektüre der drei vorgenannten Bücher. Vielmehr soll es der Versuch sein, praktische Situationen des Alltags mit den Temperamenten in Beziehung zu bringen, um zu zeigen, mit welchen Verhaltensweisen und Reaktionen wir bei jedem von ihnen rechnen müssen und welchen Einfluß der Heilige Geist auf jeden Lebensbereich einer Frau ausüben kann.

In Galater 5,16 werden wir ermahnt: „Wandelt im Geist, so werdet ihr die Lüste des Fleisches nicht vollbringen." An Sonntagen oder in Zeiten, in denen es uns gut geht, fällt es uns nicht sonderlich schwer, ein „vom heiligen Geist regiertes Wesen" anzulegen. Ob wir wirklich im Geist wandeln oder nicht, zeigt sich nicht darin, wie wir uns benehmen, sondern in unseren Reaktionen auf die Nöte und Enttäuschungen, die uns das Leben täglich beschert.

Bevor wir auf die Veränderungen zu sprechen kommen, die der Heilige Geist im Leben einer jeden Frau wirken kann, empfiehlt es sich, zunächst einen Blick auf die vier Grundtemperamente mit ihren jeweiligen Stärken und Schwächen zu werfen. Dabei gilt es zu bedenken, daß

---

1) „Geisterfülltes Temperament", Leuchter-Verlag
2) „Dein Temperament in Gottes Hand", Liebenzeller Mission
3) „Dein Typ ist gefragt", Brockhaus-Verlag

kein Mensch mit nur einem einzigen Temperament ausgestattet ist; jeder besteht aus einer unterschiedlichen Zusammensetzung der vier Temperamente. Manche verfügen über eine Mischung von zwei, drei, möglicherweise sogar allen vieren. Wichtig ist festzustellen, welches der vier Temperamente bei uns vorherrscht, damit wir uns über unsere Stärken und Schwächen klar werden können sowie über die Möglichkeit, wie der Heilige Geist uns helfen kann, unsere Stärken auszubauen und unsere Schwächen zu überwinden.

Wir werden die vier Temperamente in der folgenden Reihenfolge behandeln:
1. das melancholische Temperament
2. das phlegmatische Temperament
3. das cholerische Temperament
4. das sanguinische Temperament

DAS MELANCHOLISCHE TEMPERAMENT

Die Melancholikerin, die wir Martha nennen wollen, ist die in sich gekehrte Natur, und manchmal kommt es uns vor, als sei sie besonders zum Leiden veranlagt, weil sie durch ständige Selbstprüfung streng gegen sich selbst ist. Ihrem Naturell entsprechend neigt sie zu Schwermut, Trübsinn und Pessimismus, andererseits wiederum ist sie überaus begabt und mit zum Teil genialen Fähigkeiten ausgestattet.

Berufe und Neigungen

Künstlerin
Musikerin
Schneiderin
Köchin

Buchhalterin
Kosmetikerin
„passive Sportlerin" (Zuschauerin)
Lehrerin – hauptsächlich für Mathematik, Naturwissen-
schaften oder Deutsch
Innenarchitektin
Modeschöpferin
Schriftstellerin
handwerkliche Arbeiten
Poesie – liest oder dichtet selbst

Gefühlsbereich

Stärken:

Musik- und Kunstliebhaberin
reiche, sensible Natur
analytische Fähigkeiten
ausgeprägte Gefühlswelt
gründliches Denken

Schwächen:

Trübsinn und Launenhaftigkeit
pessimistisch, sieht immer alles schwarz
spielt gern die Leidende, Märtyrerin
Hypochonderin
ergeht sich in fast schädlich zu nennender Selbstprüfung
depressiv
stolz

Mitmenschliche Beziehungen

Stärken:

eine Freundin, auf die man sich verlassen kann
opfert sich für ihre Freunde auf

trifft die Wahl ihrer Freundschaften mit viel Bedacht
hegt starke Empfindungen für ihre Freunde

Schwächen:

kritisch gegenüber den Fehlern und Schwächen anderer
strebt nach Vollkommenheit und beurteilt alles nach ihren eigenen Idealvorstellungen
ängstlich bestrebt, einen guten Eindruck zu machen
mißtrauisch gegenüber anderen
anhaltende Feindseligkeit kann in heftigem Zornesaus-
bruch gipfeln
überaus empfindlich und leicht gekränkt
nachtragend und rachsüchtig
feindselig gegenüber Andersdenkenden
schwierig im Umgang

Aktivitäten

Stärken:

ausgeprägt perfektionistische Neigungen
Liebe zum Detail – findet Gefallen an analytischer Arbeit
übt Selbstdisziplin – führt Angefangenes auch stets zu
Ende
eignet sich für schöpferische, intellektuelle Tätigkeit
gewissenhaft und gründlich
begabt – Ansätze zum Genie
kennt ihre eigenen Grenzen

Schwächen:

unentschlossen
theoretisch und unpraktisch
verliert schnell die Lust
nimmt neue Aufgaben nur zögernd in Angriff
zuviel Analyse – führt zu Mutlosigkeit

verlangt das Äußerste an Opfer, Selbstverleugnung und
Dienst
niedergeschlagen über dem Ergebnis ihrer Arbeit

DAS PHLEGMATISCHE TEMPERAMENT

Die Phlegmatikerin – nennen wir sie Paula – ist das Para-
debeispiel des introvertierten Menschen. Ihre einzigartige Ruhe und Gelassenheit verleihen ihr die Züge eines
trägen, unbekümmerten und „ausgeglichenen" Temperaments. Sie ist stur und unentschlossen und fügt sich er-
geben in ihr jeweiliges Schicksal.

Berufe und Neigungen

Hausfrau
gute Mutter
Buchhalterin
Ratgeberin
Lehrerin (Grundschule)
Handarbeit
scheut Verantwortung
Verwaltungsangestellte
Schneiderin
Sekretärin
gute Köchin
„passive Sportlerin" (Zuschauerin)

Gefühlsbereich

Stärken:

ruhig und zuverlässig
gutmütig und verträglich

16

fröhlich und freundlich, wenn auch nicht sonderlich ge-
sprächig
gütig
friedliebend

Schwächen:

mangelhaftes Selbstvertrauen
pessimistisch und furchtsam; Grüblerin
lacht selten laut
passiv und gleichgültig
geht den Weg des geringsten Widerstands
selbstgerecht

Mitmenschliche Beziehungen

Stärken:

angenehm im Umgang
hat viele Freunde
Witz und trockener Humor
übt beruhigenden und besänftigenden Einfluß auf andere
aus
beständig und treu
diplomatisch, Friedensstifterin
gute Zuhörerin
treue Freundin
erteilt Ratschläge nur auf Wunsch

Schwächen:

scheut aktives Engagement
egoistisch und geizig
betrachtet Menschen mit Desinteresse
schwer zu begeistern
eigensinnig
gleichgültig gegen andere
sticht zurück, wenn gereizt

nicht sonderlich herzlich
gibt sich erhaben

Aktivitäten

Stärken:

leistungsfähig unter Druck
praktische, flüssige Arbeitsweise
konservativ
sauber und tüchtig
arbeitet nur nach Plan
übt einen beruhigenden Einfluß aus
arbeitet zuverlässig

Schwächen:
geht als ruhiger, gelassener, unbeteiligter Zuschauer
durchs Leben
faul und träge
scheut Verantwortung
mangelnde Motivation
unentschlossen
übertriebene „Ohne mich"-Haltung
wirkt entmutigend auf andere
steht allen Änderungen skeptisch gegenüber

DAS CHOLERISCHE TEMPERAMENT

Die cholerische Clara ist eine extrovertierte Persönlichkeit. Was Leistung anbetrifft, so steht sie wahrscheinlich
an der Spitze. Mit Recht wird ihr Temperament das „aktive" genannt. Typisch sind außerdem ihr ausgeprägtes
Selbstbewußtsein und ihre Willensstärke.

Berufe und Neigungen

starke Führernatur
Karrierefrau
Vorsitzende von Frauenvereinigungen
Gastgeberin
Chefsekretärin
aktive Sportlerin
Vorsitzende des Elternbeirats
Verwaltungsposten
Studienrätin
Polizeibeamtin
Bankangestellte
Unternehmerin

Gefühlsbereich

Stärken:

selbstsicher und entscheidungsfreudig
willensstark und entschlossen
optimistisch
unabhängig
furchtlos und unerschrocken

Schwächen:

aufbrausend und jähzornig
ausgesprochen eigensinnig
gleichgültig gegen die Bedürfnisse anderer
wenig Sinn für Ästhetik
mitleidlos und schroff
ungestüm und hitzig
Tränen berühren sie nicht

Mitmenschliche Beziehungen

Stärken:

erwartet von anderen nicht mehr als von sich selbst
gibt nicht leicht auf
starke Führernatur
gute Menschenkenntnis
setzt andere in Aktion
richtet andere auf
läßt sich von den Umständen nicht unterkriegen

Schwächen:

kennt kein Mitleid
trifft Entscheidungen für andere
grausam, schonungslos und sarkastisch
sucht die beherrschende Rolle in der Gruppe
arrogant und rechthaberisch
nutzt Menschen aus
unversöhnlich und rachsüchtig
neigt zum Fanatismus
überheblich und herrisch

Aktivitäten

Stärken:

Organisationstalent
entschlossen, trifft intuitiv die richtige Entscheidung
handelt in Notsituationen rasch und unerschrocken
scharfsinnig, geistig gewandt
unermüdlicher Einsatz
schwankt nicht in ihren Entschlüssen
überaus praktisch
setzt andere in Aktion
Widerstände beleben sie
steckt sich Ziele und erreicht sie auch

Schwächen:

übertriebenes Selbstbewußtsein
listig
voreingenommen
halsstarrig
keine Geduld für Kleinigkeiten
geht den Dingen nicht auf den Grund
zwingt anderen ihre Ansichten und Methoden auf
ermüdend und schwer zufriedenzustellen
hat nur Zeit für ihre eigenen Pläne

DAS SANGUINISCHE TEMPERAMENT

Die Sanguinikerin – nennen wir sie Susi – ist das Muster-
exemplar des extrovertierten Menschen. In Anbetracht
ihrer offenen, kontaktfreudigen Art und ihrer Gaben
kann man ihr zu Recht ein „fröhliches" Temperament be-
scheinigen. Ihr herzliches und munteres Wesen machen
sie unbestritten zum Mittelpunkt jeder Party.

Berufe und Neigungen

Schauspielerin
Rednerin vor Frauengruppen
Verkäuferin
Krankenpflege und -betreuung
gute Köchin
ehrenamtliche Helferin
liebevolle Mutter
Pflege- oder Heimmutter
Führungsqualitäten
gastfreundlich
Empfangsdame
aktive Sportlerin

Gefühlsbereich

Stärken:

warmherzig und vital
redselig, schlagfertig
unbekümmert – sorgt sich weder um die Zukunft, noch
trauert sie der Vergangenheit nach
besondere Begabung, Geschichten zu erzählen
lebt in der Gegenwart
gute Unterhalterin
Fähigkeit zum Genießen

Schwächen:

weint schnell
emotionell unberechenbar
ruhelos
aufbrausend
bauscht Tatsachen auf
erscheint unecht
mangelhafte Selbstbeherrschung
läßt sich in ihren Entscheidungen vom Gefühl bestimmen
impulsive Käuferin
naiv und kindlich
zu überschwenglich

Mitmenschliche Beziehungen

Stärken:

findet rasch Anschluß
geht auf andere ein
amüsant und optimistisch
immer freundlich und lächelnd
bittet schnell um Verzeihung
zartfühlend und verständnisvoll

redet mit aufrichtiger Herzlichkeit und Wärme
nimmt Anteil an Freud und Leid anderer

Schwächen:

beherrscht das Gespräch
unaufmerksam
willensschwach und schwankend
strebt nach Ehre und Anerkennung
hat gern Menschen um sich, vergißt sie aber bald wieder
entschuldigt Nachlässigkeit
redet zuviel von sich selbst
hält Zusagen und Verpflichtungen nicht ein

Aktivitäten

Stärken:

macht auf den ersten Blick einen guten Eindruck
kennt keine Langeweile, weil sie ganz in der Gegenwart
aufgeht
hervorragend geeignet zur Krankenpflege
ist immer für neue Pläne und Ideen zu haben
erzeugt Begeisterung

Schwächen:

kennt keine Organisation
unzuverlässig und unpünktlich
zuchtlos
verschwatzt die Zeit, in der sie eigentlich arbeiten müßte
viele unerledigte Arbeiten
leicht abgelenkt
erreicht nicht ihr Ziel

Es gibt eine Hilfe

Seien Sie natürlich! Ihr Temperament ist ein bleibender Bestandteil Ihrer Persönlichkeit, das Sie begleitet von der Wiege bis zum Grab. In gewissen Phasen Ihres Lebens wird es sich geringfügig ändern, etwa während der Reifezeit in der Kindheit und Jugend. Freuen Sie sich an der Fülle der Vorzüge Ihres Temperaments; dann bitten Sie Gott, Ihnen zu helfen, die Schwächen in den Griff zu bekommen, damit der Heilige Geist mehr und mehr Raum bekommt in Ihrem Leben und Sie Jesus ähnlicher werden. Die Schwächen, die Ihr Verhältnis zu Jesus Christus stören, sind Sünden. Sobald Sie einer dieser Schwächen nachgeben – soviel steht fest – betrüben Sie den Heiligen Geist. Und das ist Sünde!

„Und betrübet nicht den heiligen Geist Gottes, mit dem ihr versiegelt seid auf den Tag der Erlösung. Alle Bitterkeit und Grimm und Zorn und Geschrei und Lästerung sei ferne von euch samt aller Bosheit. Seid aber untereinander freundlich, herzlich und vergebet einer dem andern, gleichwie Gott euch vergeben hat in Christo" (Epheser 4,30-32).

„Sehet zu, daß keiner Böses mit Bösem jemand vergelte, sondern allezeit jaget dem Guten nach, untereinander und gegen jedermann. Seid allezeit fröhlich, betet ohne Unterlaß, seid dankbar in allen Dingen; denn das ist der Wille Gottes in Christo Jesu an euch. Den Geist dämpfet nicht" (1. Thessalonicher 5,15-19).

Wenn Sie wiedergeboren sind, haben Sie bereits Zugang zur Kraft des Heiligen Geistes, mit dessen Hilfe Sie Schwächen überwinden können. Allerdings, solange Sünde in Ihrem Herzen ist, können Sie vom Heiligen Geist nicht erwarten, daß er Ihnen Sieg über Ihre Fehler schenkt.

„Wo ich Unrechtes vorhätte in meinem Herzen, so würde der Herr nicht hören" (Psalm 66,18).

Der erste und wichtigste Schritt ist, der Aufforderung aus 1. Johannes 1,9 Folge zu leisten:

„So wir aber unsere Sünden bekennen, so ist er treu und gerecht, daß er uns die Sünden vergibt und reinigt uns von aller Untugend."

Wann immer Sie den Heiligen Geist betrübt oder gedämpft haben, müssen Sie Ihre Sünde bekennen, danach aber auch nicht vergessen, Gott für seine Vergebung und Erneuerung zu danken. Befolgen Sie den Rat aus Epheser 5,18, sich vom Heiligen Geist erfüllen zu lassen:

„Und saufet euch nicht voll Wein, daraus ein unordentliches Wesen folgt, sondern *werdet voll Geistes.*"

Anders ausgedrückt: „Liefert euer Leben der Herrschaft bzw. Führung des Heiligen Geistes aus!"

Zu den verwirrendsten Aspekten des Erfülltwerdens mit dem Heiligen Geist gehört unsere Unfähigkeit, die wahre Bedeutung des Wortes „erfüllt" zu begreifen. Wir verbinden es in unserer Vorstellung nur allzu gern mit dem Füllen eines Glases oder Behälters. Damit aber treffen wir nicht den Sinn der Schrift, wenn sie einen Christen, der *voll Geistes* ist, in einem Atemzug mit einem Betrunkenen, der *voll Weines* ist, nennt. Der Betrunkene ist ja gar nicht voll Weines, in des Wortes eigentlicher Bedeutung. Er wird vom Wein *beherrscht.* Seine torkelnden, schwankenden Bewegungen sind unkoordiniert, weil er unter dem Einfluß des Alkohols steht. In gleicher Weise steht auch die geisterfüllte gläubige Frau ganz unter dem Einfluß des Heiligen Geistes. Statt den Schwächen ihres Temperaments nachzugeben, läßt sie die

Früchte des Geistes sichtbar werden – Liebe, Freude, Friede, Langmut, Freundlichkeit, Güte, Glaube, Demut, Keuschheit. Wir müssen bereit sein, uns selbst loszulassen, uns ganz unter die Herrschaft Gottes zu stellen und unser Leben vom Heiligen Geist, nach seinem Willen, gestalten zu lassen. Bitten Sie um dieses Erfülltwerden und danken Sie Gott für das, was er aus Ihrem Leben machen wird, in dem festen Glauben, daß er es tun wird.

„Seid dankbar in allen Dingen, denn das ist der Wille Gottes in Christo Jesu an euch" (1. Thessalonicher 5,18).

„Aber Gott sei gedankt, der uns allezeit Sieg gibt in Christo und offenbart den Geruch seiner Erkenntnis durch uns an allen Orten" (2. Korinther 2,14).

Im folgenden nun einige Anregungen, wie unter dem Einfluß des Heiligen Geistes die Schwächen eines jeden Temperaments abgebaut werden können:

DIE MELANCHOLISCHE MARTHA

Gefühlsbereich – Ihre trübsinnigen Stimmungen, ihr Hang zu Schwermut und Depression, werden einer fröhlicheren, heitereren Gemütsverfassung weichen. Die in sich selbst verhaftete Natur kann lernen, im Glauben ihren Schritt nach vorn zu lenken und mit ungetrübtem Optimismus in die Zukunft zu schauen.

Mitmenschliche Beziehungen – Der Heilige Geist wird ihr helfen, Liebe zu entwickeln, so daß sie ihren Mitmenschen mit weniger Kritik und Mißtrauen begegnen kann und im Umgang wesentlich verträglicher wird.

Aktivitäten – Allmählich wird sie sich aus ihrer Ichbezogenheit lösen und auf andere zugehen können. Wenn sie dem Herrn gehorsam ist und auf ihn schaut, statt auf sich oder in sich, wird die Dankbarkeit, die sie darüber erfährt, ihrem Pessimismus entgegenwirken.

ihren Kritikgeist zu überwinden
frei zu werden von dem Zwang, sich ständig mit sich selbst zu beschäftigen
sich im liebevollen Dienst für andere einzusetzen und dadurch ihre eigenen Belange zu vergessen
sich in Dankbarkeit zu üben

Zusammenfassung

Die aufopferungsvolle Denkerin Martha ist wahrscheinlich die begabteste unter den Temperamenten. Dennoch leidet sie infolge ihrer Ichbezogenheit, ihres Kritikgeistes und ihres Pessimismus mehr als alle anderen und engt die Möglichkeiten ein, ihre Gaben und Fähigkeiten nutzbringend anzuwenden. Erst wenn sie ihr Herz und ihren Verstand unter die Herrschaft des Heiligen Geistes gestellt hat, wird es ihr gelingen, von sich selbst und ihrer kritischen Gesinnung loszukommen und eine echte Christin zu werden, die mit ihrem liebevollen, feinfühlenden Wesen ihren Mitmenschen eine Hilfe ist. Sie kann sich ein dankbares Herz schenken lassen, das ihr Leben prägen wird. Erst dann wird es ihr möglich sein, Erfüllung, Frieden und volle Genüge in Christus zu finden.

Vor einiger Zeit führte ich ein seelsorgliches Gespräch mit einer Martha, die sich große Sorgen um die Zukunft machte. Ihr Mann hatte sich als ein anderer entpuppt als der, den sie geheiratet zu haben glaubte. Beruflich blieb er hinter ihren Erwartungen zurück, ihm fehlte der Ehrgeiz, er war sehr unordentlich, beteiligte sich nicht an der Hausarbeit und besaß noch nicht einmal die nötige sexuelle Anziehungskraft. So fand sie denn, daß ihr das Leben schlecht mitgespielt habe. Sie litt unter schweren Depressionen und hatte sogar schon mit dem Gedanken gespielt, ihrem Leben ein Ende zu machen.

Nachdem ich mir die Flut von Problemen angehört hatte, wies ich sie darauf hin, daß ihre Klagen ausnahmslos aus kritischen Äußerungen über ihren Mann bestanden hätten und über sein unfaires Handeln an ihr, indem er die Erwartungen, die sie in ihn gesetzt hatte, nicht erfüllt habe. Aus ihren Worten hatte ich den Eindruck gewonnen, daß dieser Mann ein totaler Versager sein mußte. Trotzdem entschloß ich mich zu einem Versuch. Ich schickte sie mit der Bitte nach Hause, eine Woche lang ganz bewußt nur nach positiven Eigenschaften in seinem Charakter zu suchen und sie aufzuschreiben. Sollte ihr überhaupt nichts für ihre Liste einfallen, sollte sie Gott um Hilfe bitten. Eine Woche später kam sie wieder und erstattete Bericht. Während der ersten drei Tage habe sie nichts Brauchbares für ihre Liste finden können. Schließlich habe sie Gott gebeten, ihr zu zeigen, ob es an diesem Mann nicht doch etwas Positives gäbe. Auf ihrer Liste standen vier Positionen: 1. Er war den Kindern ein guter Vater. 2. Er war finanziell großzügig. 3. In ihrer Gemeinde galt er als guter Bibellehrer. 4. Er war ihr treu. Ihre kritische Gesinnung gegen diesen Mann hatte ihre Ehe und ihr Leben zu zerstören gedroht. Nun bekannte sie ihre Sünde vor Gott und bat ihn, ihr zu helfen, weniger kritisch zu sein und ihn nicht immer nach ihren eigenen Idealvorstellungen und Maßstäben beurteilen zu wollen. Ein Jahr war vergangen, als ich wieder von ihr hörte. Sie wollte mir nur mitteilen, wie dankbar sie für ihren Mann war! Eine Reihe seiner alten Fehler hatte er beibehalten, doch hatte sie auch einige sehr ausgeprägte Vorzüge an ihm entdeckt und war jetzt Gott so dankbar für diesen Mann!

In der melancholischen Martha stecken ungeahnte Möglichkeiten! Weil die Treue zu ihren ausgeprägtesten Wesenszügen zählt, gibt es kein Temperament, das zu einer größeren Liebe und Hingabe zu Gott fähig wäre als das ihre, sobald Jesus Christus ihr Herr und Heiland wird und sie sich unter die Herrschaft des Heiligen Geistes stellt.

DIE PHLEGMATISCHE PAULA

Gefühlsbereich – An die Stelle ihrer ängstlichen, sorgenvollen Natur tritt das Selbstvertrauen, das dem geisterfüllten Leben entspringt. Ihr Pessimismus wird sich nach und nach in Optimismus verkehren.

Mitmenschliche Beziehungen – In ihr erwacht eine neue Liebe zu ihren Mitmenschen und der Wunsch, ihnen zu dienen. Dadurch wird sie frei von ihrem bisherigen Egoismus und ihrer Gleichgültigkeit.

Aktivitäten – Der Heilige Geist wird ihr helfen, ihre Trägheit und Faulheit abzulegen. In dem Maße, in dem sie sich im Dienst einspannen läßt und ein Gespür für die Bedürfnisse ihrer Mitmenschen entwickelt, erhält sie auch eine neue Motivation, Leistungen zu erbringen.

Ihre dringendsten Bedürfnisse

ihre Passivität zu überwinden
zu lernen, für andere zu leben
aufzuhören, christlich zu tun, und wirklich Christ zu sein
einzusehen, daß ihre Furchtsamkeit Sünde ist, und entsprechend mit ihr zu verfahren

Zusammenfassung

Mit der selbstzufriedenen, friedfertigen Paula hat man es, dank ihres unbekümmerten und ausgeglichenen Wesens, wahrscheinlich am liebsten zu tun. Allerdings gehört sie zu den Menschen, die sich andere lieber vom Leibe halten. Folglich hütet sie sich auch vor unbequemen Verpflichtungen Menschen oder einer Sache gegenüber. Was ihr am meisten not tut, ist einzusehen, daß ihre Furcht, die nicht von Gott ist, ihre Wirksamkeit im Dienst für Christus entschieden beeinträchtigt. Sie muß ihre Trägheit als Sünde erkennen und sich ganz für Jesus Christus und ihre Mitmenschen einsetzen. Sie hat durchaus ihre Fähigkeiten, wenn sie nur bereit ist, sich selbst loszulassen und Gott das Steuer ihres Lebens zu übergeben.

Unter unseren zahlreichen Freunden im ganzen Land gibt es eine Menge Paulas, doch nur die wenigsten von ihnen würden jemals Rat suchen oder um Hilfe bitten, auch dann nicht, wenn ihnen klar wird, daß sie ein Problem haben. Eine Paula fällt mir da besonders ein. Selten ist mir ein so furchtsames und introvertiertes Menschenkind begegnet. Äußerlich hat sie sich niemals anmerken lassen, wie es in ihrem Inneren brodelte. Ihren Freunden gegenüber gab sie sich immer gelassen, selbstsicher und tüchtig. Eines Tages aber schien diese Fassade zu zerbröckeln, und sie gestand mir, daß das, was sie nach außen hin zu sein vorgab, ganz und gar nicht im Einklang mit dem stand, wie es in ihrem Innern aussah. Selbst Phlegmatiker kommen einmal an den Punkt des Zerbruchs. Sie bekannte, wie sehr sie sich vor Menschen fürchtete und wie unzulänglich sie sich vorkam. Als man sie einmal bat, in einem Ausschuß ihrer Gemeinde tätig zu werden, hatte sie sich unter einem fadenscheinigen Vorwand herausgeredet. Und das war kein Einzelfall. Mit ähnlichen Ausreden hatte sie die unterschiedlichsten Aufgaben und Dienste, mit denen man sie betrauen wollte, abgelehnt. Nach langer Zeit erst wurde ihr bewußt, daß sie sich durch ihre Furcht und Gleichgültigkeit um unzählige Möglichkeiten brachte, Christus zu dienen. Ihr Mann und ihre Kinder waren alle aktiv in der Gemeindearbeit tätig. Nur sie stand außerhalb – passiv, gleichgültig und voll negativer Gefühle. Mit der Zeit wirkte sich diese Haltung auch auf ihre Einstellung zu ihrer Familie und Gemeinde aus. Bis eines Tages diese gute Frau der Tatsache ins Auge sehen mußte, daß sie im Begriff war, geistlich zu verstauben. Ihre Angst und ihr Egoismus lähmten sie derart, daß ihr Mann und ihre Kinder ihr geistlich „davonwuchsen". Ich las ihr aus meiner Bibel die Stelle aus 2. Timotheus 1,7 vor: „Gott hat uns nicht gegeben den Geist der Furcht, sondern der Kraft und der Liebe und der Zucht." Sie bekannte Christus offen und ehrlich ihre Sünde. Dann bat sie darum, mit dem Heiligen Geist erfüllt zu werden und daß Gott doch etwas Großes in ihrem Leben wirken solle. Ihr Verlangen war es, sich nicht nur im Dienst ihrer Gemeinde gebrauchen zu lassen, sondern darüber hinaus eine warmherzige, liebevolle, gottesfürchtige Frau zu werden, frei von den Ängsten, die sie innerlich gefangen hielten.

Ich habe zusehen dürfen, wie aus dieser in ihrer Angst gefangenen Paula eine geisterfüllte Frau wurde, sehr zur Freude ihres Mannes und ihrer Kinder, die stolz sind auf diese neue Ehefrau und Mutter. Es war, als würde vor mir eine Rosenknospe aufgehen und zu einer wunderschönen, lieblich duftenden Blume erblühen, die bei all denen, die mit ihr in Berührung kommen, Freude und einen Hauch ihres Duftes hinterläßt.

DIE CHOLERISCHE CLARA

Gefühlsbereich – Ihr heftiger Jähzorn ist ihr schlimmster Feind. Wenn sie sich Gott ausliefert, darf sie damit rechnen, daß ihr der Heilige Geist hilft, ihn unter Kontrolle zu bekommen.

Mitmenschliche Beziehungen – Der Heilige Geist wird ihr ein mitfühlendes Herz schenken und ihr helfen, versöhnlicher und rücksichtsvoller, weniger sarkastisch und rechthaberisch zu werden und ein Ohr für die Sorgen anderer zu haben.

Aktivitäten – Das Bedürfnis wird in ihr erwachen, aufgeschlossener und weniger überheblich zu sein. Sie wird zu der Erkenntnis gelangen, daß auch andere Leute manchmal ganz gute Ideen haben, und ihre Kraft dafür einsetzen können, solchen Vorhaben zum Gelingen zu verhelfen.

Ihre dringendsten Bedürfnisse

sich auf andere und ihre Bedürfnisse einzustellen

ihr jähzorniges und grausames Wesen als Sünde zu bekennen

durch viel Stille, Bibellesen und Gebet ihre innere Schönheit zur Entfaltung zu bringen.

Zusammenfassung

Die energische, lebhafte Clara stellt, was Leistungsvermögen anbetrifft, alle anderen Temperamente in den Schatten. Bei der Verfolgung ihrer Ziele jedoch hat sie sich wahrscheinlich rücksichtslos über die Gefühle anderer, sanfterer Temperamente, die ihr möglicherweise im Wege standen, hinweggesetzt und Wunden hinterlassen. Wenn sie dem Heiligen Geist erlaubt, ihre Härte gegen andere zu mildern, wenn sie lernt, Liebe und Barmherzigkeit zu üben, kann sie zu einer starken Streiterin für die Sache Jesu Christi werden.

Eines Abends stand eine sehr verzweifelte Clara vor mir und schüttete mir ihr Herz aus. Wenn eine Cholerikerin an diesen Punkt gelangt, kann man davon ausgehen, daß sie eine traumatische Erfahrung hinter sich hat, deren Kontrolle ihr völlig aus der Hand geglitten war. Jetzt, voller Zorn und Verzweiflung, war sie hilfesuchend zu mir gekommen.

Es war die erste Abendveranstaltung im Rahmen einer Frauenfreizeit, und ich hatte soeben meinen Vortrag beendet. Punkt für Punkt hatte ich die vier Temperamente mit ihren Stärken und Schwächen dargelegt. Als ich auf das cholerische Temperament zu sprechen kam, erklärte ich, daß wir es hier mit unermüdlichen Menschen zu tun hätten, die gewöhnlich ihre ganze Umgebung beherrschten und Entscheidungen für andere träfen. Überdies seien diese Frauen nicht selten streitsüchtig und grausam.

Diese Charakterisierung der Choleriker schien der Heilige Geist dazu zu benutzen, Claras Herz anzurühren. Alles das und noch mehr traf auf sie zu. Unter Tränen erzählte sie mir die Geschichte ihres fünfzehnjährigen Jungen, der von seiner jähzornigen Mutter schließlich die Nase voll gehabt hatte und von zu Hause fortgelaufen war. Ihren Mann hatte sie mit ihrer ewigen Gängelei und Herrschsucht zum Alkohol getrieben. Ihrem Gemeindepastor, der ihr schon vor längerer Zeit seine Hilfe angeboten hatte, hatte sie eine wütende Abfuhr erteilt. Sie war explodiert und hatte der ganzen Gemeinde gehörig die Meinung gesagt mit dem Erfolg, daß sie nun nicht mehr allzu viele Freunde besaß. Es war sogar soweit gekommen, daß auch ihre Angehörigen die Sonn- und Feiertage lieber anderswo verbrachten, weil gewöhnlich kein Tag verging, an dem sie nicht einen Wutanfall bekam. Die gute Frau wußte nicht mehr ein noch aus und hörte nun, wie der Heilige Geist über ihren notvollen Zustand zu ihr sprach.

Während des gemeinsamen Gebets erflehte sie Vergebung für ihr elendes, sündiges Wesen und bat darum, daß der Heilige Geist sie erfüllen und Herr über ihr Leben werden möge. Vor allem betete sie, daß sie lernen möge, Liebe zu üben und ihren Jähzorn in den Griff zu bekommen. Ich wünschte, ich könnte berichten, daß nach diesem Gebet um Vergebung ihr Mann sofort aufhörte zu trinken und ihr Sohn nach Hause kam. Doch leider muß ich sagen, daß Clara mit den Narben der Wunden leben muß, die sie ihren Lieben zugefügt hat. Sie kann nur darauf vertrauen, daß sie so völlig umgestaltet wird, daß ihrer Familie die Veränderung in ihrem Leben nicht verborgen bleibt und sie ebenfalls bereit wird, neu anzufangen. Hätte sich Clara doch nur eher in ihrem Leben zu dieser Entscheidung durchgerungen! Hätte sie sich doch damals von ihrem Pastor helfen lassen, dann wäre ihr der Kummer erspart geblieben.

DIE SANGUINISCHE SUSI

Gefühlsbereich – Susi ist ein überaus gefühlsbetontes Mädchen. Sie hat nahe am Wasser gebaut, und gewöhnlich ist sie etwas labil. Der Heilige Geist kann ihr Gefühlsleben festigen und ihr ruheloses Temperament zügeln. Mit Gottes Hilfe kann sie lernen, sich in Selbstbeherrschung und einem zuchtvollen Leben zu üben.

Mitmenschliche Beziehungen – In Susi werden wir eine wahre Freundin finden. Ihre Anteilnahme am Leben ihrer Mitmenschen wird stärker sein als bei den anderen Temperamenten. Um eine geisterfüllte Sanguinikerin zu werden, muß sie ihr Eigeninteresse auf ein Minimum herabschrauben.

Aktivitäten – Halbfertige Arbeiten und Planlosigkeit müssen der Vergangenheit angehören, wenn sie in ihrem Glaubensleben Fortschritte machen will. Doch mit Hilfe des Heiligen Geistes wird sie zweifellos zu einem brauchbaren Menschen werden.

Ihre dringendsten Bedürfnisse

zuverlässiger zu werden
in allen Lebensbereichen größere Selbstdisziplin zu üben
wahre Demut an die Stelle ihres Ichs treten zu lassen

Zusammenfassung

Die warmherzige, redselige Susi ist das kontaktfähigste aller Temperamente. Sie verfügt über die einzigartige Gabe, jeden Augenblick zu genießen, wie er gerade kommt. Daraus erwachsen ihr allerdings auch einige Probleme, weil sie im Genuß des Augenblicks total vergißt, was sie in den vorangegangenen Augenblicken versprochen hat. Wenn sie ihre Not erkennt und Gott um Hilfe bittet, wird ihr der Heilige Geist helfen, in diesen Dingen zuverlässiger und beständiger zu werden. Sie hat alle Möglichkeiten, eine geistliche Persönlichkeit zu werden. Voraussetzung ist allerdings, daß sie sich in der Selbstdisziplin übt und ihr Leben völlig unter die Zucht des Heiligen Geistes stellt.

Von allen Temperamenten ist Susi bei weitem das amüsanteste und kontaktfreudigste. Andererseits leidet sie aber auch nicht unerheblich unter ihrer aufdringlichen Art, ihrer Hemmungslosigkeit und ihrer Willensschwäche. Dies wurde mir am Beispiel einer typischen Susi deutlich bewußt. Es handelte sich um ein überaus freundliches, lebensfrohes Menschenkind. Wegen ihres lauten Gelächters aber und ihrer oft peinlichen Bemerkungen zogen es viele ihrer Freunde vor, sie aus sicherer Entfernung zu genießen. Wenn sie einen Raum betrat, tat sie es gewöhnlich mit dem Mund vorneweg. Ihrem melancholischen Ehemann gingen ihr übermäßiges Geschwätz und schrilles Gelächter gründlich auf die Nerven. Er war pausenlos bemüht, einen ruhigeren Menschen, gleich ihm, aus ihr zu machen. Weil sie aber von Natur aus nun einmal kein ruhiger Mensch war, gab es immer wieder Tränen. Es dauerte nicht lange, bis sie sich mit kleinen Naschereien zwischen den Mahlzeiten und vor dem Zubettgehen über ihre Enttäuschung und Verzweiflung hinwegzutrösten begann, mit dem Erfolg, daß sie immer mehr Pfunde auf die Waage brachte. Und weil ihre Willensschwäche und Hemmungslosigkeit noch dazukamen, verlor sie bald jedes Maß für ihr Naschen und Stopfen. Ich mußte zusehen, wie Susi innerhalb kürzester Zeit zwischen zwanzig und dreißig Pfund zunahm. Ein weiteres Problem stellte sich ein, denn nun nahm ihr Mann auch Anstoß an ihrer mangelnden Selbstbeherrschung. Auf den Gedanken, daß im Grunde er ja der Urheber dieser ganzen Misere war, kam er nicht. Voller Verzweiflung suchte sie mich schließlich auf und bat um Rat. Ich schlug ihr vor, daß sie und ihr Mann zunächst das Buch „Spirit

Controlled Temperament" („Geisterfülltes Temperament") lesen sollten, um sich über die Stärken und Schwächen ihrer jeweiligen Temperamente überhaupt einmal bewußt zu werden. Ich fand, ihr Mann mußte zu der Einsicht gelangen, daß einem Sanguiniker nun einmal nicht die Ruhe eines Melancholikers gegeben war und niemals gegeben sein würde. Danach mußte sich Susi ihrem eigenen, persönlichen Problem stellen und erkennen, daß sich unter der festen Hand des Heiligen Geistes ihr Mangel an Selbstdisziplin beheben ließ. Sie mußte in seiner Schule Mäßigkeit, Sanftmütigkeit, Friedfertigkeit und Glauben lernen. Ihr Gebet war eine sehr schlichte, aufrichtige Bitte um göttliche Hilfe, nicht nur mit ihrem Gewichtsproblem fertig zu werden, sondern auch ihr unbeherrschtes Gelächter zu zügeln. Sie bat, mit dem Heiligen Geist erfüllt zu werden, um die Früchte des Geistes hervorbringen zu können.

Ihre Probleme lösten sich nicht über Nacht. Täglich neu mußte sie sich Gott ausliefern und ihn in diesen kritischen Bereichen um Hilfe bitten. In dieser Zeit reifte auch in ihrem Mann ein neues Verständnis und Bewunderung für die Vorzüge, die die Sanguinikerin zu bieten hat. Erst allmählich kam ihm zum Bewußtsein, wieviel Freude und Frohsinn doch seine sanguinische Frau in sein düsteres, trostloses Dasein gebracht hatte.

Mit der Zeit gelang es Susi, ihre überschüssigen Pfunde wieder abzustrampeln, und auch die geräuschvollen, aufdringlichen Laute, die sie sonst von sich zu geben pflegte, schienen sich in heiteres, fröhliches, zufriedenes Lachen zu verwandeln, das angenehm und ansteckend zugleich wirkte. Susi und ihr Mann sind ein großartiges Beispiel dafür, wie unter der Herrschaft des Heiligen Geistes Gegensätze einander ergänzen können. Ohne den Heiligen Geist können solche Gegensätze Reibungspunkte erzeugen, die ein Leben lang Funken sprühen.

Die alleinstehende Frau

Wir Frauen können uns glücklich schätzen – Gott sieht weder auf unser Alter noch unser Geschlecht noch unsere Stellung. Er vermag uns Frauen volle Genüge zu schenken, ganz gleich, ob wir nun ledig sind oder verheiratet. Jedes weibliche Wesen verbringt einen Teil ihres Lebens als Junggesellin, die eine länger, die andere weniger lang. Allen aber, ungeachtet ihres Familienstandes, gilt das Gebot aus Galater 5,25: „... so lasset uns auch im Geist wandeln."

Die altehrwürdige Vorstellung, daß eine geisterfüllte Christin eine ältere, verheiratete Frau sein muß, ist nicht unbedingt zutreffend.

Jugend für Christus

Vor etlichen Jahren, als unsere Kinder noch sehr klein waren, baten wir einmal ein junges Mädchen, einen Abend unsere Kleinen zu hüten. Als wir an jenem Abend heimkamen, blieb noch Zeit für ein kurzes Gespräch. Wir erkundigten uns nach ihrer Schule, ihrem Elternhaus, etc. und kamen über kurz oder lang auch auf ihre Beziehung zu Jesus Christus zu sprechen. Sie ging bereitwillig auf unsere Fragen ein. „Ich bin Christin, aber trotzdem – zuviel Frömmigkeit, das ist nichts für mich. Das hat Zeit bis später, wenn ich älter bin. Solange ich jung bin, möchte ich das Leben genießen." Jahre später bekannte uns dieses selbe Mädchen, wie bitter sie bereute, so viele Jahre ihres Lebens vergeudet zu haben. Es habe nicht viel gefehlt, und sie hätte sich völlig ruiniert.

Junge Mädchen können vom Heiligen Geist erfüllt sein, ohne gleich spießig zu wirken. Zahlreiche Beispiele dafür habe ich in unserer eigenen Gemeinde erlebt. Gibt es etwas Schöneres als ein reizendes, lebensfrohes junges Mädchen, das sich Jesus Christus rückhaltlos ausgeliefert hat? Vor allem eines fällt mir da ein, kein schönes, auch kein häßliches, vielmehr schlichter Durchschnitt. Dieses Mädchen aber ist ein standhaftes Zeugnis für Christus, beliebt bei ihren Altersgenossen, besonders bei den jungen Männern. Sie hat Probleme, die manch einen jungen Menschen in die Knie zwingen würden, nicht aber sie! Statt dessen hat sie jeden Bereich ihres Lebens, mitsamt ihren Problemen, an Jesus Christus ausgeliefert. Ist sie deshalb spießig? Mitnichten! Ihr Leben steht wirklich unter der Herrschaft des Heiligen Geistes.

Ich habe erlebt, wie sich während ihrer Teenager-Zeit zwei Bereiche ihres Lebens vollständig änderten. Da ging es zunächst um das Verhältnis zu ihren Eltern. Ein rebellisches Mädchen kann keine geisterfüllte Christin sein. Die Bibel sagt ganz klar: „Ihr Kinder, seid gehorsam euren Eltern" und „Du sollst deinen Vater und deine Mutter ehren". Wenn sie Gott in allen Dingen gefallen wollte, mußte sie ihren Widerstand ausliefern und Gottes Gebot, ihren Eltern gehorsam zu sein, Folge leisten. Heute ist sie die Tochter glücklicher Eltern, mit denen sie ein ausgezeichnetes Verhältnis hat.

Der andere Bereich, der sich drastisch geändert hat, ist ihre Einstellung zu sich selbst. Nachdem sie erkannt hatte, daß Gott sie annahm, wie sie war, mitsamt ihren Problemen, begann sie umzudenken. Bis dahin hatte sie sich am Maßstab der Welt gemessen. Ihr Blick war durch Verbitterung und Groll gegen ihren Schöpfer getrübt gewesen. Als andere Dinge in ihrem Leben bekannt und bereinigt wurden, fand sie ein Ja zu der Tatsache, daß sie eine maßgeschneiderte Persönlichkeit war, bereitet von der Hand Gottes zu einem ganz besonderen Zweck.

Verabredungen

Liebes junges Mädchen, ehe Sie das Wagnis einer Verabredung eingehen, müssen Sie sich klare, feste Grundsätze gebildet haben. Diese Grundregeln sollten genau abgesteckt sein, bevor Sie aus dem Haus gehen. Hat Sie erst einmal jemand im geparkten Auto im Klammergriff, ist es zu spät, sich über die Spielregeln Gedanken zu machen. Was Freundschaften angeht, so hat Gott ganz bestimmte Vorstellungen darüber. Vergessen Sie niemals, daß Sie sein Kind sind, für das er seinen eigenen Sohn geopfert hat! Interessiert es ihn, mit wem Sie sich treffen, wohin Sie gehen und wie Sie sich verhalten? Und ob! Wenn Sie sich nach einer Freundschaft sehnen, die unter der Herrschaft des Heiligen Geistes steht, müssen Sie danach fragen, was Gottes Wunsch für Sie ist. In 2. Korinther 6,14 steht ganz klar, was für einen Mann Gott Ihnen als Ehemann zugedacht hat:

„Ziehet nicht am fremden Joch mit den Ungläubigen. Denn was hat die Gerechtigkeit zu schaffen mit der Ungerechtigkeit? Was hat das Licht für Gemeinschaft mit der Finsternis?"

Noch sind wir natürlich beim Thema „Freundschaften", nicht „Ehe", dennoch besteht zwischen den beiden eine ganz klare Verbindung. Eine sichere Methode, die Heirat mit einem Nichtchristen zu vermeiden, ist, keine Freundschaft mit einem Nichtchristen zu beginnen.

Als Gott sagte: „Ihr Kinder, seid gehorsam euren Eltern", hat er zweifellos an junge Mädchen gedacht. Wenn Ihre Mutter und Ihr Vater feste Regeln und Maßstäbe für Ihre Freundschaften aufgestellt haben, dann sollten Sie

Gott für Eltern danken, die Sie liebhaben und Sie vor den Versuchungen, denen Sie in diesem Abschnitt Ihres Lebens ausgesetzt sind, bewahren wollen. Und wenn ein junger Mann Ihnen hilft, die Regeln einzuhalten, beweist er damit wahre Charakterstärke.

Eine unserer Töchter kam einmal an eine Kreuzung, als sie sich entscheiden mußte zwischen dem Gehorsam ihren Eltern gegenüber und der Zufriedenstellung ihres Freundes. Dieser junge Mann schien offenbar mit den Regeln, die wir für unsere Tochter aufgestellt hatten, auf Kriegsfuß zu stehen. Immer wieder rief er an und versuchte, umzudisponieren und uns zu bewegen, in dem einen oder anderen Punkt nachzugeben. Für unsere Tochter wurde es zu einer argen Belastungsprobe, und die Spannungen zwischen uns schienen sich mit jedem Anruf zu steigern. Bis unsere Tochter zu dem Schluß gelangte, daß es ihr reichte, und ihn vor die Wahl stellte: Entweder er ginge mit ihr aus und hielte sich an die Vorschriften ihrer Eltern, oder er ließe es ganz sein. Nach einigen Tagen entschied sich der junge Mann für die zweite Alternative. Unverblümt erklärte er, daß die Disziplin, die sie gewohnt war, strenger war als die seine, und daß ihm das nicht paßte. Für unsere Tochter war diese Zeit nicht einfach, aber an diesem Tag wuchs sie an ihrem geistlichen Zentimetermaß um einen halben Meter. Für uns war der Beweis erbracht, daß der junge Mann ohnehin nicht für unsere Tochter bestimmt war. Wir wünschten ihr einen Mann mit der nötigen Charakterstärke und Disziplin, das Richtige zu tun, selbst wenn es ihm gegen den Strich ging. Die Erfahrung hat gelehrt, daß junge Leute, die sich gegen ihre Eltern auflehnen, sich auch leicht gegen Gott auflehnen und schließlich gegeneinander.

„Darum werdet nicht unverständig, sondern verständig, was da sei des Herrn Wille" (Epheser 5,17).

Wenn Sie verliebt sind, fällt es Ihnen schwer, immer einen klaren Kopf zu behalten und objektiv nach Gottes Willen für Ihr Leben zu fragen. Der Zeitpunkt, sich nach Gottes Führung auszustrecken, ist, ehe Sie sich verlieben; ist es erst einmal geschehen, können Sie sich auf Ihr Herz nicht mehr verlassen. Da Sie sich vermutlich nur in jemanden verlieben werden, mit dem Sie auch ausgegangen sind, sollten Sie Gott von Anfang an fragen, mit wem Sie ausgehen sollen. Wenn Sie nach diesem Plan vorgehen, werden Sie auf dem richtigen Weg bleiben und bei der Wahl Ihres Lebensgefährten Ihren Verstand nicht ausschalten. Welcher Mann kommt für Sie in Frage? Lediglich nach einem großen, dunklen, gutaussehenden Mann Ausschau zu halten, genügt nicht. Solche Eigenschaften sind wertmäßig von kurzer Dauer, denn nicht alle großen, dunklen und gutaussehenden Männer sind unbedingt auch gute Ehepartner. Dieser „Traummann" wird Ihnen tagaus, tagein bei Tisch gegenübersitzen. Es wird Tage geben, an denen er absolut nicht der Mann Ihrer Träume ist, es sei denn, es waren Alpträume. Sie aber werden seine Frau sein, „in Freud und Leid, in kranken und gesunden Tagen, bis der Tod euch scheide". Dann werden weder seine Größe, noch sein Teint noch sein Aussehen einen Einfluß darauf haben, wie er sich Tag für Tag, Jahr für Jahr als guter Ehemann bewährt. Wie ist dieser Mann wirklich? Werfen Sie einen Blick hinter seine äußere Fassade und machen Sie sich sehr gründliche Gedanken über den „Mann Ihrer Wahl".

– Wie steht es um seinen Charakter, seine Integrität?
– Wie sieht sein Verhältnis zu Jesus Christus aus?
– Steht er aktiv im Dienst einer guten, bibelgläubigen Gemeinde?

- Ist er gütig und rücksichtsvoll gegen andere?
- Wie behandelt er seine Mutter?
- Redet er nur über sich selbst?
- Wie groß ist seine Anteilnahme an Ihren Bedürfnissen und Belangen?
- Gelingt es ihm, seine physische Zuneigung zu Ihnen unter Kontrolle zu halten?
- Nimmt er Rücksicht auf Ihren Ruf, schätzt er Ihre moralischen Grundsätze und Maßstäbe?
- Behandelt er Sie wie eine Dame?
- Ist er bereit, Sie so zu lieben, wie Christus die Gemeinde?

„Ihr Männer, liebet eure Weiber, gleichwie Christus auch geliebt hat die Gemeinde und hat sich selbst für sie gegeben, auf daß er sie heiligte, und hat sie gereinigt durch das Wasserbad im Wort, auf daß er sie sich selbst darstellte als eine Gemeinde, die herrlich sei, die nicht habe einen Flecken oder Runzel oder des etwas, sondern daß sie heilig sei und unsträflich. Also sollen auch die Männer ihre Weiber lieben wie ihre eigenen Leiber. Wer sein Weib liebt, der liebt sich selbst. Denn niemand hat jemals sein eigen Fleisch gehaßt, sondern er nährt es und pflegt sein, gleichwie auch der Herr die Gemeinde. Denn wir sind Glieder seines Leibes, von seinem Fleisch und von seinem Gebein. Um deswillen wird ein Mensch verlassen Vater und Mutter und seinem Weibe anhangen und werden die zwei ein Fleisch sein. Das Geheimnis ist groß; ich sage aber von Christus und der Gemeinde. Doch auch ihr, ja ein jeglicher habe lieb sein Weib als sich selbst; das Weib aber fürchte den Mann" (Epheser 5,25-33).

Ihr Mädchen, seht ihn euch genau an! Fragt, soviel ihr wollt! Es ist viel besser, jetzt zu fragen, als sich später ein Leben lang Vorwürfe zu machen.

Von allen Temperamenten dürfte die melancholische Martha wohl die meisten Fragen stellen. Sie ist auf der

Suche nach dem vollkommenen Mann! Dabei kann es passieren, daß sie sich in den vermeintlich idealen Mann verliebt, nur um hinterher festzustellen, daß er doch menschlich ist und einige Schwächen hat. Also sieht sie sich veranlaßt, die Verlobung zu lösen und die Hochzeit abzublasen. Natürlich ist dies besser, als ihn nach der Hochzeit zu verlassen; dennoch muß sie einsehen, daß der Heilige Geist durchaus in der Lage ist, beiden zu helfen, ihre Schwächen zu überwinden. Wie wunderbar, wenn zwei junge Menschen betend ihren gemeinsamen Lebensweg antreten können, und Gott bitten, sie mit dem Heiligen Geist zu erfüllen, um ihre Stärken und Schwächen miteinander zu verschmelzen und sie eins werden zu lassen.

Womöglich wird man Martha für einen unfreundlichen Snob halten, auch wenn sie dies im Grunde gar nicht ist. Ihre Zurückhaltung und ihr Hang zum Einzelgängertum lassen leicht den Eindruck entstehen, als sei sie unfreundlich. Junge Männer fühlen sich in ihrer Nähe nicht sonderlich wohl und dürften sich nicht allzusehr um eine Verabredung mit ihr reißen. Ihre Persönlichkeit und ihre Freizeitgestaltung würden wesentlich gewinnen, wenn sie sich mit Gottes Hilfe um ein liebenswürdigeres, kontaktfreudigeres Wesen bemühen würde.

Weil sie so unbekümmert und umgänglich ist, wird Paula wahrscheinlich gleich von mehreren Freunden umschwärmt sein. Allerdings könnten ihre Ängstlichkeit und ihr mangelndes Selbstvertrauen diesen Erfolg ein wenig dämpfen. Von allen Temperamenten dürfte sie am ehesten aus allen Wolken fallen, wenn ihr zukünftiger Mann ihr einen Antrag macht, und sich verwundert fragen, warum er sie überhaupt haben will.

Eine Umfrage, die mein Mann und ich in Vorbereitung zu unserem Buch „The Act of Marriage"* starteten, er-

---

* „Wie schön ist es mit dir",
Schulte + Gerth, Aßlar

gab, daß sich die phlegmatische Frau bereitwilliger auf voreheliche Geschlechtsbeziehungen einläßt als der phlegmatische Mann. Weil sie sich in der Regel zu einem Mann stärkeren Temperaments hingezogen fühlt und zudem sehr gefällig ist, liegt die Wahrscheinlichkeit, daß sie ihm auch gegen ihre Überzeugung nachgibt, wesentlich höher. In diesem Punkt bedarf sie dringend der Weisheit und des Urteilsvermögens des Heiligen Geistes, um sich über Gottes Plan für ihr Leben klar zu werden. Sie hat es nicht nötig, sich von den Gefühlen ihres Liebhabers mitreißen zu lassen. Gott kann sie festigen und ihr helfen, sich der ganzen Tragweite ihres Handelns bewußt zu werden, ehe sie die letzte Hingabe an ihren zukünftigen Ehemann vollzieht.

Die cholerische Clara dürfte der Typ sein, der die Hochzeit möglichst rasch hinter sich bringen will, um dann sogleich zum nächsten Punkt auf der Tagesordnung überzugehen. Von ihrem Temperament her läuft sie Gefahr, sich in die Ehe zu stürzen, ohne zuvor das Für und Wider abzuwägen oder sich ernsthafte Gedanken über ihre Beziehung zu diesem Mann und ihre Zukunft mit ihm zu machen. Wahrscheinlich ist sie überzeugt, mit allen Problemen, die sie – in welcher Form auch immer – in der Zukunft erwarten, spielend fertig zu werden. Ihr vorrangiges Bedürfnis in dieser Zeit ist es, langsam zu treten und auf die Führung des Heiligen Geistes in ihrem Leben zu warten. Gott hat einen Plan für sie, und sie muß ihr Handeln mit seinem Zeitplan koordinieren.

Der sanguinischen Susi hat die Natur ein so reiches Liebespotential mit auf den Weg gegeben, daß sie sich wahrscheinlich mehrmals ver- und entliebt, bis ihr endlich der Richtige über den Weg läuft. Sie ist so kontaktfähig und freundlich, daß viele junge Männer irrtümlich meinen, leichtes Spiel mit ihr zu haben, und sich um sie reißen. Ein Mädchen muß den Unterschied lernen zwischen Hochnäsigkeit und Koketterie. Irgendwo dazwischen gibt es eine goldene Mitte, die es einer Frau ermöglicht, wirklich frei, statt gehemmt, befangen oder übermäßig aggressiv zu sein. Gottes Liebe in ihrem Leben wird sich in ihrer echten, herzlichen Freundlichkeit und ihrem anmutigen Wesen widerspiegeln und ihr die rechte Ausgewogenheit in ihren Freundschaften verleihen. Weil sie naiv, oft sogar kindlich ist, muß der Heilige Geist einen besonderen Schutzwall um sie errichten. Sie läßt sich viel zu leicht „rumkriegen" und läuft deshalb Gefahr, Fehlentscheidungen zu treffen, die verheerende Folgen für ihr ganzes Leben haben würden. So kann es durchaus passieren, daß ihr zartfühlendes, mitleidiges Herz sie dazu verleitet, nicht aus Liebe, sondern aus Mitleid zu heiraten. Wie alle Temperamente muß sich auch Susi bei ihren Verabredungen vom Heiligen Geist leiten lassen. Doch mehr noch als die anderen braucht sie Gottes Hilfe zur Bildung fester Grundsätze und der nötigen Charakterstärke, um nach ihnen zu leben.

Gedankenlose Verführung

Das nächste Thema ist vielleicht ein heißes Eisen, trotzdem fühle ich mich gedrängt, es anzupacken. Wie steht es damit, einen Mann aufzureizen? Es ist traurig, aber wahr: Viele gläubige junge Mädchen und Frauen handeln darin ziemlich gedankenlos. Wie oft habe ich reizende junge Mädchen sich in einer Art benehmen sehen, durch die sie die jungen Männer aufreizten und dadurch sexuelle Probleme oder schlechte Gedanken bei ihnen auslösten. Wie die bezaubernde junge Dame, die aus der Kirche trat, die Hand am Arm ihres Begleiters, und achtlos ihren Busen gegen den jungen Mann streichen ließ. Sollte ihr wirklich nicht bewußt gewesen sein, was sie ihm damit angetan hat? Ein anderes Mal konnte ich beobachten, wie sich ein reizendes Mädchen in der Kirche an ihren Begleiter schmiegte. Während der Predigt ließ sie ihre Hand vertraulich auf seinem Bein ruhen. Es sah alles sehr unschuldig aus, trotzdem konnte ich das Feuerwerk geradezu hören, das in der Bank losging.

Ein Mädchen sollte stets daran denken, daß ihr Körper der Tempel des Heiligen Geistes ist. In 2. Korinther 6,16 schreibt Paulus:

„Ihr aber seid der Tempel des lebendigen Gottes; wie denn Gott spricht: ‚Ich will unter ihnen wohnen und unter ihnen wandeln und will ihr Gott sein, und sie sollen mein Volk sein.'"

Ihr Körper gehört nicht Ihnen. Sie sind teuer erkauft, deshalb sollten Sie Gott mit Ihrem Körper verherrlichen.

Dies bringt uns zu einem anderen Thema – wie kleiden Sie sich? Kleidung läßt sich in drei Kategorien einstufen: 1. die anzügliche, aufreizende Mode, die verführt, 2. der emanzipierte Stil, der weder verführt noch anziehend wirkt und meist nicht sonderlich kleidsam ist, der es einer Frau aber ermöglicht, ihre eigenen Ideen zu verwirklichen und ihre Auflehnung gegen die Gesellschaft zu manifestieren, oder 3. die dezente, weibliche Mode, die attraktiv wirkt und die Trägerin vorteilhaft kleidet.

Zur aufreizenden Kleidung gehören Miniröcke, hautenge Hosen oder Röcke, der BH-lose Look sowie gewagte Ausschnitte, die der männlichen Phantasie nur noch wenig Spielraum lassen und eher verführerisch als reizvoll zu nennen sind. Die emanzipierte Stilrichtung kann alles beinhalten, von verwaschenen Jeans über hausbackene Kleider bis zu betont männlicher Kleidung. Solche Modeformen sind vielleicht dazu angetan, von Passanten auf der Straße angestarrt, selten aber wohlwollend bewundert zu werden. Die feminine Mode dagegen ist gekennzeichnet durch eine dezente Garderobe, die nicht nur modisch und kleidsam ist, sondern darüber hinaus die Weiblichkeit betont, ohne jedoch aufreizend zu wirken. Auch in unserer Kleidung sollen wir sittsam, attraktiv und anmutig sein – und vor allem weiblich, so wie Gott uns geschaffen hat.

Von welchen Motiven lassen Sie sich bei der Wahl Ihrer Kleidung leiten? Denken Sie einmal ernsthaft darüber nach und geben Sie eine ehrliche Antwort auf diese Frage. Ist es so, daß Sie sich lediglich für einen Sexgegenstand halten und glauben, zu solchen Mitteln greifen zu müssen, um den Mann auf sich aufmerksam zu machen, den Sie haben möchten? Wenn das der Fall ist, wird man es Ihnen mit Sicherheit ansehen. Oder ist es so, daß Sie sich freuen und stolz darauf sind, eine Frau zu sein, und sich durch Ihre Kleidung als Eigentum Gottes identifizieren möchten?

In vielen Fällen, glaube ich, sind sich Frauen der Wirkung, die ihre Kleidung auf einen Mann ausübt, gar nicht bewußt. Kürzlich machte ich die Bekanntschaft einer solchen Dame. Sie war eine feine, gläubige Frau, sehr aktiv in der Gemeindearbeit und unbestritten eine der Treuesten, was Hausbesuche anbelangt. Doch drohte die Wahl ihrer Kleidung einigen Männern zum Problem zu werden. Sie trug extrem kurze Röcke, die einen beträchtlichen Teil ihrer sehr wohlgeformten Beine freiließen. Endlich entschloß sich der Pastor, einmal unter vier Augen mit ihr über das Aufsehen, das sie erregte, zu sprechen. Er betete, daß sie seine ermahnenden Worte im rechten Geist aufnehmen würde, ohne sich gekränkt zu fühlen. Wie sich herausstellte, hatte die gute Frau keine Ahnung gehabt, daß sie ein Problem darstellte, oder daß ihre Kleider anstößig wirkten. Sie hatte nur den aufrichtigen Wunsch, dem Herrn zu gefallen und zu bezeugen, daß Christus in ihr wohnte. Deshalb dankte sie dem Pastor für seine taktvollen Worte und nahm sich vor, sich dezenter zu kleiden. Es war die Reaktion einer geisterfüllten Frau.

Für alleinstehende, berufstätige Mädchen stellt sich vielfach die Notwendigkeit, zu zweit eine Wohngemeinschaft einzugehen, schon um die Kosten möglichst niedrig zu halten, darüber hinaus aber auch, um dem Bedürfnis nach Gemeinschaft nachzukommen, das die meisten von uns haben. Dies ist eine echte Bewährungsprobe für ein geisterfülltes Leben und eine gute Vorbereitung für die Ehe. Aller Wahrscheinlichkeit nach werden sich zwei entgegengesetzte Temperamente zusammenfinden, was wiederum zu Problemen führt. Das sanguinische Mädchen hat eher die Angewohnheit, ihre Kleidungsstücke an Türklinken oder über Stuhllehnen zu hängen, während die Cholerikerin sich mit Vorliebe aufspielt und im Haushalt das Kommando zu führen versucht. Beide Verhaltensweisen können Anlaß für sehr viel Kummer geben. Manche Mädchen haben auch sehr genaue Vorstellungen darüber, wie und wo die Möbel stehen sollen, wie die Mahlzeiten zubereitet werden müssen, wie sauber die Wohnung zu sein hat, wofür das Kostgeld auszugeben ist und derlei Dinge mehr. Verschaffen Sie sich von Anfang an Klarheit über möglicherweise auftauchende Probleme, indem Sie sich Ihre Wohnungsgenossin genau ansehen – ihr Temperament, ihre Herkunft, ihre geistliche Einstellung. Manchmal werden gleich zu Anfang schlechte Gewohnheiten eingeführt, mit denen die Mädchen später nicht mehr brechen möchten, aus Angst, die andere zu verletzen.

Viele Teilnehmer an unseren Familienseminaren, auf denen mein Mann und ich sprechen, sind alleinstehende Menschen, denen das Studium der Temperamente eine wertvolle Hilfe für das Zusammenleben miteinander bietet. Dieses Studium ist gleichzeitig auch eine gute Vorbereitung für die Ehe. Da heißt es lernen, zu nehmen und zu geben, nicht immer seinen eigenen Willen durchsetzen zu wollen und die Schwächen und Vorzüge des anderen zu akzeptieren. Bitten Sie den Herrn um Weisheit und Güte, und vor allem – leben Sie jeden Augenblick unter der Herrschaft des Heiligen Geistes.

Hüten Sie sich vor einer unrechten Beziehung zu Ihrer Wohnungsgenossin. Traurig, aber wahr – in der heutigen Zeit ist eine derartige Entwicklung nicht auszuschließen, besonders dann, wenn eines der Mädchen einsam oder übermäßig anhänglich ist oder wenn ihr das nötige Gefühl der Geborgenheit fehlt. Es wird nicht passieren, wenn Sie und Ihre Wohnungsgenossin unter der Zucht des Heiligen Geistes stehen. Worauf es also ankommt, ist, daß Ihre Beziehung zum Herrn stimmt. Achten Sie darauf, daß er die erste Stelle in Ihrem Leben einnimmt!

Ledig sein und Liebe

Alleinstehende Frauen haben grundsätzlich den gleichen Geschlechtstrieb, den Gott allen Menschen eingepflanzt hat. Für einige glückliche Mädchen gibt es auf diesem Sektor keine Probleme, während andere ihr Leben lang damit zu kämpfen haben. So vieles in unserer modernen Kultur ist auf die Teilnahme an einem sexuellen Erlebnis ausgerichtet. Nimmt es da Wunder, daß in der weltlichen Gesellschaft sexuelle Beziehungen außerhalb der Ehe mehr oder weniger zu einer Selbstverständlichkeit geworden sind?

Außereheliche sexuelle Beziehungen zu Männern können für ledige Frauen durchaus verlockend und leicht zu haben sein. Die Zeitschrift CORONET – Ausgabe vom August 1975 – veröffentlichte in einem Artikel einige recht alarmierende statistische Angaben über Sex im Büro. Eine Umfrage unter 2500 Sekretärinnen ergab, daß vierzig Prozent von ihnen während der Mittagspause geschlechtliche Beziehungen pflegten. Was veranlaßt eine Sekretärin, sich sexuell mit ihrem Chef einzulassen, zumal sie genau weiß, daß sie sich keinerlei Hoffnungen auf eine Ehe machen kann? Viele tun es wahrscheinlich deshalb, weil sie furchtbar einsam und für einen zärtlichen Augenblick jeden Preis zu zahlen bereit sind, obwohl sie wissen, daß ihr Glück bestenfalls nur von kurzer Dauer sein kann.

Dr. Robert J. Collins vom Loretto-Zentrum für Geriatrie in Syracuse, New York, schreibt in einem Artikel (Journal of the American Medical Association, April 1975), daß ein grundsätzlicher Irrtum der „neuen Moral" darin bestünde anzunehmen, die Sexualität von Mann und Frau sei gleichgeartet. Beim Mann ist Sex etwas, das sich völlig getrennt von seinem ganzen übrigen Wesen abspielen kann, während er bei der Frau und ihrem komplizierten seelischen Aufbau die ganze Welt bedeutet. Dr. Collins gibt zu bedenken, daß Frauen die zärtlichen, warmen Versprechungen und Berührungen zwar als wunderbar empfinden, der Akt selbst bei ihnen gewöhnlich jedoch eine „Ist-das-alles?" Reaktion auslöst.

Gott hat sehr genaue Vorstellungen über all diese Dinge:

„Lasset euch nicht verführen! Weder die Hurer noch die Abgöttischen noch die Ehebrecher noch die Weichlinge noch die Knabenschänder noch die Diebe noch die Geizigen noch die Trunkenbolde noch die Lästerer noch die Räuber werden das Reich Gottes ererben. Und solche sind euer etliche gewesen; ihr aber seid abgewaschen, ihr seid geheiligt, ihr seid gerecht geworden durch den Namen des Herrn Jesu und durch den Geist unseres Gottes" (1. Korinther 6,9b-11)

„… der Leib aber nicht der Hurerei, sondern dem Herrn, und der Herr dem Leibe" (1. Korinther 6,13b).

„Fliehet die Hurerei! Alle Sünden, die der Mensch tut, sind außer seinem Leibe; wer aber hurt, der sündigt an seinem eigenen Leibe" (1. Korinther 6,18).

Paulus sagt also, daß einige Frauen Ehebrecher oder Huren gewesen seien, daß ihnen nun aber vergeben wurde, sie geheiligt und gerecht geworden sind durch den Namen Jesu und durch den Geist Gottes. Damit wird einer Frau, die sich der Herrschaft des Heiligen Geistes unterstellt hat, für voreheliche Geschlechtsbeziehungen kein Raum gelassen.

Manche werden dies für eine sehr prüde Einstellung halten, denn schließlich ist Sex doch etwas Angenehmes und dient der Befriedigung eines notwendigen, gottgegebenen Triebes. Ein Aspekt aber, über den die Welt selten spricht, wenn sie für freie Liebe und außereheliche Geschlechtsbeziehungen eintritt, sind die drückenden Schuldgefühle. Die Bibel lehrt uns, daß der Mensch ein Gewissen hat, das ihn je nach seinem Verhalten entweder anklagt oder freispricht (Römer 2,15). Ganz praktisch gesehen wird durch diese Anklage das Glück einer sexuellen Beziehung, verglichen mit dem drückenden Schuldgefühl, das es verursacht, zur Unzulänglichkeit verurteilt. Denn schließlich dauert das sexuelle Erlebnis nur wenige Augenblicke; unter der Last der Schuldgefühle dagegen hat man meist sehr, sehr lange zu leiden. Ein anderer Gesichtspunkt ist der, daß kein Christ in der Lage ist, geistlich zu wachsen, solange er gegen Gottes Normen für sein sexuelles Verhalten verstößt. Ich habe schon so manche alleinstehende Frau beraten, die unter Depressionen und einer geistlichen Unterentwicklung litt, bis sie feststellte, worin der eigentliche Grund zu suchen war – im Mißbrauch ihres Sexualtriebes.

Gott hat Sie lieb und nimmt Anteil an Ihren sexuellen Beziehungen. Schließlich hat er ja die Geschlechtlichkeit geschaffen. Eilen Sie seinem Zeitplan für sich nicht voraus. Ein schönes, gläubiges Mädchen betete einmal: „Herr, hilf mir, meinen Körper für den Mann zu bewahren, den du für mich vorgesehen hast, und hilf ihm, auch seinen Körper für mich allein zu bewahren!"

Irgendwann einmal muß eine unverheiratete Frau der Möglichkeit ins Auge sehen, daß Gott sie nicht für die Ehe bestimmt hat, sondern daß sie dazu erwählt ist, zeitlebens ledig zu bleiben. Da sich 109 Frauen 100 Männer teilen müssen, ist es nur logisch, daß einige von ihnen nicht werden heiraten können. Da drängt sich die Frage auf: „Kann Gott auch einer unverheirateten Frau ein reiches, erfülltes Leben schenken? Sind ihm darin Grenzen gesetzt, nur weil sie keinen Ehemann hat?" Natürlich nicht. Unser Verhältnis zu Christus beruht ohnehin auf einer ganz persönlichen Grundlage. Kein Mann kann geistlich wachsen für seine Frau. Ich wüßte sogar von Fällen zu berichten, in denen die Frau ohne den störenden Einfluß ihres Mannes geistlich viel weiter wäre. Sie allein bestimmen Ihr Verhältnis zu Jesus Christus. Lassen Sie ihn vollenden, was er in Ihnen begonnen hat. „.. und bin desselben in guter Zuversicht, daß der in euch angefangen hat das gute Werk, der wird's auch vollführen bis an den Tag Jesu Christi" (Philipper 1,6). Die Beziehung zwischen Ihnen und Gott besteht ewig, sie endet nicht mit dem Tag, an dem Sie heiraten oder sterben. Wenn er Sie zu einem Leben der Ehelosigkeit beruft, beruft er Sie zu einem besonderen, wunderbaren Verhältnis zu sich selbst. Dann können Sie Ihre ganze Kraft und Zeit darauf verwenden, dem Herrn zu dienen und ihm zu gefallen.

„Welche nicht frei, die sorgt, was dem Herrn angehört, daß sie heilig sei am Leib und auch am Geist; die aber frei, die sorgt, was der Welt angehört, wie sie dem Manne gefalle" (1. Korinther 7,34).

Ihre örtliche Gemeinde bietet genügend Möglichkeiten der aktiven Mitarbeit, die Ihr Leben bereichern werden. Gründen Sie doch einen Bibelkreis für andere alleinstehende Menschen, laden Sie Gemeindeglieder zu sich ein oder beteiligen Sie sich aktiv am Besuchsdienst. Die

Arbeit an jüngeren Mädchen, in der Sonntagsschule, Jungschar oder wo auch immer, kann ebenfalls zu einer bereichernden Erfahrung werden. Unser einziges Ziel im Leben, unser sehnlichster Wunsch sollte sein, Gott zu gefallen.

„Herr, du bist würdig, zu nehmen Preis und Ehre und Kraft; denn du hast alle Dinge geschaffen, und durch deinen Willen haben sie das Wesen und sind geschaffen" (Offenbarung 4,11).

Jesus sagt:

„Denn wer sein Leben will behalten, der wird's verlieren; und wer sein Leben verliert um meinetwillen und des Evangeliums willen, der wird's behalten" (Markus 8,35).

Unverheiratetsein ist das, was man daraus macht. Es kann ein erfülltes, reiches und lohnendes Leben sein – oder ein kümmerliches Dasein in Elend und Selbstmitleid. Eine 26jährige junge Dame war so heiratswütig, daß sie mit ihrem Eifer die Männer in die Flucht trieb. Sie war besessen von dem Wunsch zu heiraten, aus Angst, ihr Leben einsam verbringen zu müssen. Ein anderes Mädchen, drei Jahre jünger und bereits verheiratet, plagte sich indes mit schweren Eheproblemen herum. In ihrer höchsten Not klopfte sie eines Abends an die Tür ihrer älteren Freundin, um ihr Herz auszuschütten. Nachdem diese der jungen Ehefrau zwei Stunden lang zugehört hatte, reifte in ihr die Erkenntnis, daß sie am Ende wohl doch nicht so übel dran war. Fortan wurde ihre Wohnung zu einem Hafen der Ruhe und einem Ort der Stille, statt zu einer Höhle der Einsamkeit. Sie lernte, zufrieden zu sein an dem Platz, an dem sie stand.

„... denn ich habe gelernt, worin ich bin, mir genügen zu lassen" (Philipper 4,11b).

Verheiratet für immer

Frauen haben schon immer eine wichtige Rolle in der Welt gespielt, trotz allem, was einige uns heute glauben machen wollen. Ein englisches Sprichwort sagt: „Die Hand, die die Wiege schaukelt, regiert die Welt." Ein anderer berühmter Ausspruch lautet: „Hinter jedem erfolgreichen Mann steht eine bedeutende Frau."

Die Frau ist ein unentbehrlicher Teil des Mannes, ein Teil, der ihn erfüllt und vollkommen macht. Gott schuf die Frau eigens aus einer von Adams Rippen.

„Da ließ Gott der Herr einen tiefen Schlaf fallen auf den Menschen, und er schlief ein. Und er nahm seiner Rippen eine und schloß die Stätte zu mit Fleisch. Und Gott der Herr baute ein Weib aus der Rippe, die er von dem Menschen nahm, und brachte sie zu ihm" (1. Mose 2,21-22).

Die Frau ist Teil des Mannes – kein geringerer oder besserer Teil, sondern dem Manne gleich. Gott hat sie dazu ausersehen, dem Mann vollkommene Erfüllung zu schenken. Er hat die Ehe zu einer dynamischen und erfüllenden Gemeinschaft bestimmt; Mann und Frau sollen sich aneinander freuen. Sechs Monate nach seiner Hochzeit schrieb uns unser Sohn einen wunderschönen Brief über seine Frau Kathy. Darin hieß es: „Mutter, Vater, Kathy ist meine allerbeste Freundin." Könnten wir doch nach jeder Traumhochzeit sagen: „Und sie lebten glücklich ihr Leben lang als die allerbesten Freunde." Doch leider bleiben die Probleme nicht aus, wenn zwei Menschen eine Zeitlang zusammengelebt haben.

Einssein in Christus

Das wichtigste Ziel eines jeden Brautpaares sollte sein, zu lernen, nach Gottes Grundsätzen für die Ehe zu leben. Gottes Wege sind gut, und sie führen ans Ziel. Wir Menschen können nicht optimal funktionieren, wenn Gott nicht der Mittelpunkt unseres Lebens ist. Mann und Frau sind von Natur aus zwei egozentrische Individuen, und die Ehe ist das Verschmelzen und Vereinen zweier unterschiedlicher Naturen in eins. Aus diesem Grund besteht eine wichtige Voraussetzung für eine glückliche, erfolgreiche Ehe darin, daß Mann und Frau an Christus gläubig sind und ihm ihre egozentrische Natur ausgeliefert haben. Um eins in Christus zu werden, ist es unerläßlich, daß jeder Partner mit dem Heiligen Geist erfüllt und Christus der Mittelpunkt seines Lebens ist.

„So wir aber im Licht wandeln, wie er im Licht ist, so haben wir Gemeinschaft untereinander, und das Blut Jesu Christi, seines Sohnes, macht uns rein von aller Sünde" (1. Johannes 1,7).

Gegensätze – Segen oder Fluch

Vor der Ehe haben die meisten jungen Liebenden nur Augen für die Vorzüge des anderen. Immerhin fühlen wir uns hauptsächlich zu Männern hingezogen, die dort ihre Stärken haben, wo unsere Schwächen liegen. Nach der Hochzeit kommen dann allmählich die Schwächen des Partners zum Vorschein.

Ein Merkmal der Ehe ist, daß sie die Schwächen an die Oberfläche zieht. Erst jetzt erkennt die Braut, daß der Mann, den sie geheiratet hat, nicht so vollkommen ist, wie sie geglaubt hatte.

Wenn man mich vor fünfzehn Jahren gefragt hätte, welche Schwächen meines Mannes mir ein Ärgernis wären, ich hätte ein Buch darüber schreiben können. Es mag seltsam klingen, aber wenn ich heute versuche, mir die mancherlei Dinge, die damals einen Keil zwischen uns zu treiben drohten, ins Gedächtnis zu rufen, so habe ich Mühe, mich daran zu erinnern. Das Wirken des Heiligen Geistes in unserem Leben hat unsere Unterschiede und Schwächen miteinander verschmolzen, damit wir einander stärken konnten. Ich brauche die Stärken meines Mannes, und er braucht die meinen. Gemeinsam können wir ein Bollwerk sein im Dienst des Herrn, weil unser beider Leben unter der Herrschaft des Heiligen Geistes steht.

Einmal wurde mein Mann gebeten, ein reizendes junges Paar zu trauen. Die Braut hätte nicht sanguinischer sein können, der Bräutigam war durch und durch melancholisch. Der Tag der Hochzeit nahte heran. Eine Stunde vor Beginn der Trauung schritt die Braut fröhlich und vergnügt im Kirchenschiff auf und ab und verteilte mit wehendem Kleid und Schleier die Körbchen und Sträuße. Mit einem strahlenden Lächeln begrüßte sie die Leute. Dies war ihr Hochzeitstag, und sie war entschlossen, jede Minute voll auszukosten. Inzwischen bemühte sich mein Mann in der Sakristei, den Bräutigam vor einem Nervenzusammenbruch zu bewahren. Der machte sich die größten Sorgen, ob überhaupt jemand zur Hochzeit kommen würde, ob er auch wirklich den Ring hatte und sogar darüber, ob die Braut rechtzeitig eintreffen würde. Er konnte ja nicht ahnen, was sich derweil im Kirchenraum abspielte. Die Feier begann, und alles klappte wie am Schnürchen – bis zu dem Augenblick, in dem das Brautpaar am Altar niederkniete, während der Solist das „Vaterunser" sang. In dem Moment spürte mein Mann eine kleine Unruhe zu seinen Füßen, blickte hinab und sah, wie dem Bräutigam die dicken Tränen über die Wangen kullerten. Die Braut aber hatte die Situation schon erfaßt. Sie zwinkerte meinem Mann zu, fischte ein Taschentuch aus ihrem Ärmel und reichte es dem Bräutigam, der sich damit die Augen trocknete und es dann zurückreichte. Beim letzten Ton des Solisten steckte sich die Braut das feuchte Taschentuch in den Ärmel zurück und strahlte, als sei nichts geschehen. Die beiden brauchten einander. Dies war nur die erste der zahllosen Möglichkeiten der Braut, Freude in das Leben ihres Mannes zu bringen und vielleicht noch manche Träne zu trocknen. Dafür durfte sie teilhaben an seinem tiefen, zartfühlenden Wesen, das ihr Leben noch viele Jahre bereichern würde. Gott sei Dank für Gegensätze!

Schneewittchen oder Aschenputtel

Viele Bücher sind schon geschrieben worden mit Tips und Anregungen für Frauen, ihr Äußeres zu verschönern. Ich bin fest davon überzeugt, daß sich eine Frau, die sich voll und ganz als Gottes Schöpfung bejaht, auch die größte Mühe geben wird, den Gegenstand göttlicher Liebe und Fürsorge zu hegen und zu pflegen. Welch ein Jammer, wenn eine gläubige Frau ihre innere Schönheit pflegt, nichts aber für die äußere Hülle tut, die sie umgibt. Wie schön ist dagegen die Frau, die nach 1. Petrus 3 den „verborgenen inneren Menschen" zur Entfaltung bringt und dann größte Sorgfalt darauf verwendet, den Ort, in dem er wohnt, zu pflegen und zu schmücken.

Unlängst speisten mein Mann und ich in einem Lokal. Uns wollte fast der Appetit vergehen, als wir den Mann am Nebentisch zu seiner Frau sagen hörten: „Du siehst aus wie 'ne Hexe. Man könnte meinen, du seist 85. Warum nimmst du dir nicht mal fünf Minuten Zeit, um dich zu schminken und dir 'ne Perücke aufzusetzen?" Dieser Mann hatte bestimmt kein Recht, seine Frau derart herunterzuputzen. Es gab andere Methoden, mit denen er das gleiche erreicht hätte. Es war aber auch keine Entschuldigung für die kleine Dame. Wer weiß, wie viele Jahre er dieser Schlampe schon hatte gegenübersitzen müssen? Bei den vielen Hilfsmitteln, die einer Frau heute zur Verfügung stehen, braucht keine in eine solche Lage zu geraten. Gott hat alle Dinge schön gemacht. Ich bin sicher, daß er sein Wohlgefallen an einer Frau hat, der es Freude macht, sein Werk zu pflegen.

Von der Zwietracht zur Eintracht

Gegensätze bedeuten nicht nur Segen und Bereicherung, sondern auch die Notwendigkeit zur Anpassung. Unsere Differenzen brauchen uns nicht gleich vor den Scheidungsrichter zu führen, noch dürfen sie zu einer Bedrohung für unsere Ehe werden. Das Geheimnis besteht im Grunde darin, wie wir mit ihnen fertig werden, denn gute Ehen haben in der Regel eine Zeit des Kampfes hinter sich. Eheleute, die siegreich aus diesem Kampf hervorgehen, haben ihre Probleme betend durchgefochten und stehen unter der Führung des Heiligen Geistes. Ihr Ehefrauen, der folgende Leitfaden ist von ungemeiner Wichtigkeit für euer Gebet. Er besteht aus vier Punkten:

Zunächst einmal bringen Sie Ihre eigene Einstellung zu dem jeweiligen Problem, desgleichen Ihre Reaktion darauf, vor den Herrn. Prüfen Sie Ihr Herz, und Sie werden feststellen, daß da einige Schuld zu bekennen ist. Solange Sie den Heiligen Geist durch Ihre verkehrte Gesinnung und negativen Emotionen betrüben, kann er Sie nicht erfüllen.

Zweitens, beten Sie für Ihren Mann, auch dann, wenn Ihnen vielleicht nicht danach zumute ist. Bitten Sie Gott trotzdem, ihm zu helfen, die Situation richtig zu beurteilen und seine Fehler einzusehen.

Drittens, bitten Sie Gott um die rechte Art, das Problem mit ihm durchzusprechen. Wenn Sie dies aus eigener Kraft und auf Ihre Art versuchen, können Sie damit alle guten Ansätze zerstören.

Die vierte Bitte sollte sein, Gott möchte Sie mit Liebe für Ihren Mann erfüllen, Ihnen die Fähigkeit schenken, ihn über all Ihre Verschiedenheiten und seine Schwächen hinweg ohne Falsch zu lieben. Sehr oft wird diese gottgewirkte Liebe Ihre Differenzen dahinschmelzen lassen, und sie werden der Vergangenheit angehören.

Nicht lange nach unserer Heirat stellte sich bei meinem Mann eine Schwäche heraus, vor der mich niemand gewarnt hatte. Nach einigen Tagen ungetrübten Eheglücks entdeckte ich eine Gewohnheit, die sich Tag für Tag wiederholen sollte. Jeden Morgen fand ich die Socken meines Mannes genau an der Stelle, wo er am Abend zuvor seine Schuhe ausgezogen hatte. Sie lagen niemals der Länge nach ausgestreckt, sondern stets zu kleinen Bällen zusammengerollt – und natürlich derer zwei. Anfangs war es eigentlich gar kein Problem. Ich hob seine Socken gerne auf, und da ich einen kräftigen Rücken besaß, tat mir die kleine Übung auch nicht weh. Doch aus den Tagen wurden Wochen und aus den Wochen Monate. Eines Morgens spürte ich einen kleinen Stich – nicht etwa im Rücken, sondern in meiner Gesinnung. Einige Tage später durchfuhr mich der Gedanke: „Möchte nur wissen, wer vor meiner Zeit hinter ihm her aufgeräumt hat?" Doch plötzlich kam mir in den Sinn, daß er womöglich gar nicht wußte, wozu die Wäschetruhe da war. Also machte ich ihn mit diesem Möbelstück, das eigens der Aufbewahrung schmutziger Wäsche diente, bekannt. Der Erfolg war gleich null. Nach wie vor stolperte ich jeden Morgen über seine schmutzigen Socken. Stolperte? Jawohl, denn sie wuchsen täglich, zumindest in meiner Vorstellung und Gesinnung. „Sein Rücken ist genauso kräftig wie der meine. Warum kann er seine Socken nicht selber aufheben?" schimpfte ich.

Es ist interessant, wie etwas so Geringfügiges wie zwei

schmutzige Socken unsere ganze Persönlichkeit aus dem Gleichgewicht bringen kann. Ihretwegen ärgerte ich mich über meinen Mann und kritisierte vieles von dem, was er tat. Aus den kleinen Wollknäueln waren Feuerbälle geworden, die meine Geisteshaltung völlig aus der Bahn warfen. Denn wenn mein Mann abends singend oder pfeifend zur Tür hereinkam, sah ich in ihm nicht den Mann, der mich liebte und für mich sorgte. Ich sah immer nur den Träger dieser schmutzigen Socken.

Eines trüben, traurigen Tages griff ich zur Bibel auf unserem Nachtschränkchen. Als ich sie aufschlug, schien mir plötzlich ein Vers ins Auge zu springen:

„Und alles, was ihr tut mit Worten und mit Werken, das tut alles in dem Namen des Herrn Jesu, und danket Gott und dem Vater durch ihn" (Kolosser 3,17).

In meiner eigenen Übersetzung schien er mir sagen zu wollen: „Wenn du hinter deinem Mann her aufräumst, und wenn es schmutzige Socken sind, dann tu dies im Namen des Herrn Jesu, und danke Gott und dem Vater durch ihn." Rasch las ich weiter.

„Ihr Weiber, seid untertan euren Männern in dem Herrn, wie sich's gebührt" (Kolosser 3,18).

Mein Blick fiel auf einen Vers weiter unten:

„Alles, was ihr tut, das tut von Herzen als dem Herrn und nicht den Menschen, und wisset, daß ihr von dem Herrn empfanget werdet die Vergeltung des Erbes, denn ihr dienet dem Herrn Christus" (Kolosser 3,23-24).

Danach hob ich die schmutzigen Socken gar nicht für meinen Mann auf. Ich diente damit dem Herrn Jesus, und deshalb mußte ich es von Herzen tun, so als täte ich es für ihn.

In mir kämpfte es. Es ist gut möglich, daß mein Mann damals von alledem überhaupt nichts ahnte. (Obwohl ich mir nicht vorstellen kann, daß ihm mein häßliches Benehmen nicht aufgefallen wäre.) Bei näherer Betrachtung war ich diejenige, die ihre Schuld bekennen und ihre Gesinnung korrigieren mußte. Interessanterweise, nachdem ich meine Sünde bekannt hatte, machte es mir aufrichtig Freude, dem Herrn und meinem Mann zu dienen. Es wurde fast ein Augenblick der Andacht jeden Morgen, wenn ich mich liebevoll zu diesen segensreichen schmutzigen Socken hinabbeugte. Ich dankte Gott für meinen lieben Mann, der so treu war und für mich sorgte und der Gott von ganzem Herzen liebhatte. Mir kam zum Bewußtsein, wie viele Frauen alles darum geben würden, nur noch einmal für ihren Mann die Socken aufheben zu dürfen. Und ich durfte es! Stell dir vor, eines schönen Tages verschwanden diese geliebten schmutzigen Socken, ohne daß ein Wort darüber verloren wurde. Mein Mann beschloß einfach, sich mehr in acht zu nehmen und seine Sachen selbst aufzuräumen. Ach, wie mir diese Socken fehlten! Ich darf sie aber immer noch aus der Wäschetruhe holen und in die Waschmaschine stecken. Möge ich es stets von Herzen tun, als dem Herrn!

Wollen wir Kinder?

Bei den zahlreichen Methoden zur Geburtenregelung, die uns heute zur Verfügung stehen, ist nichts einfacher, als kinderlos durchs Leben zu gehen. Es gab eine Zeit, da bekamen nur diejenigen keine Kinder, die keine empfangen konnten. Heute geht die Tendenz dahin, nur noch Wunschkinder in die Welt zu setzen und selbst die noch zeitlich genau zu planen. Und schließlich gibt es ganz hypermoderne junge Leute, die noch vor der Empfängnis das Geschlecht ihres Kindes zu bestimmen versuchen.

Die Zeiten, in denen jedes kleine Mädchen eine Babypuppe zum Schmusen und Bemuttern hatte, dürften wohl der Vergangenheit angehören. Zuerst kamen Barbiepuppen mit ihrer reifen Figur und der passenden Garderobe in Mode. Nicht lange danach erschien Ken und fing an, mit Barbie auszugehen. Statt daß die kleinen Mädchen mit ihren Puppenbabies schmusen, leben sie in einer Traumwelt der Erwachsenen mit Barbie und Ken. Unlängst wurde im Fernsehen gesagt, daß ein bekannter Puppenfabrikant Barbie- und Kenpuppen herstelle, die komplett mit Geschlechtsorganen ausgestattet seien. Kleine Mädchen erleben diese Dinge durch ihre Puppen und fangen an, sich statt als Mütter nur noch als Sexpartner zu verstehen.

Nimmt es da wunder, daß sich viele junge Mädchen später nur schwer mit ihrer Mutterrolle abfinden können? Wie oft höre ich junge Mädchen sagen: „Ich möchte niemals Kinder haben." Andererseits habe ich eine liebe Freundin. Ihre Tochter, heute im College-Alter, hat schon seit ihrer frühesten Kindheit immer mit Puppen und kleinen Kätzchen geschmust und sich danach gesehnt, eines Tages Mutter zu sein. Noch heute, wenn sie eine junge Mutter mit ihrem Neugeborenen besucht, äußerst sie immer wieder, wie sehr sie sich selbst ein Kind wünscht.

Was ich sagen möchte, ist, daß es heute, da „andere Zeiten, andere Sitten" herrschen, junge Ehepaare gibt, die es vorziehen, auf die Gründung einer Familie zu verzichten. Gemeint ist dabei nicht irgendein zeitweiliger Aufschub, sondern die endgültige Entscheidung. Nicht jedes Ehepaar muß unbedingt Kinder haben. Trotzdem bin ich überzeugt, daß Eheleute, die diese Frage nicht durchbeten, um Gottes Willen zu erkennen, möglicherweise auf eine der segensreichsten Erfahrungen im Leben verzichten.

Die Einstellung zu dieser Frage wird mit hoher Wahrscheinlichkeit auch vom jeweiligen Temperament mitbestimmt. Für die sanguinische Susi, die so viel Liebe zu verschenken hat, dürfte Mutterschaft überhaupt keine Frage sein. Kinderlieb wie sie ist, wird sie zweifellos auch eigene haben wollen. Die gutmütige Paula wird sich in der Regel nach den Wünschen ihres Mannes richten und sich mit beiden Lösungen abfinden, entweder Kinder zu haben oder auch nicht. Der melancholischen Martha könnte die Entscheidung schwerfallen, ob sie wirklich eine gute Mutter wäre. Am liebsten würde sie schon vor der Empfängnis Mutterliebe verspüren. Und Clara? Wahrscheinlich hat sie ihre Ziele so hoch gesteckt, daß sie fürchten muß, ein Kind könnte ihrem Erfolg im Wege stehen. Auf alle Fälle würde sie es bei einem Kind belassen wollen. Jedes dieser Temperamente wird natürlich vom Partner mit beeinflußt. Deshalb kann die Entscheidung sehr unterschiedlich und auch ganz anders ausfallen.

Vor einiger Zeit verbrachten mein Mann und ich einen Abend mit mehreren anderen jungen Paaren. Als sich mein Mann nach ihren Kindern erkundigte, stellte sich heraus, daß keines von ihnen welche besaß. Ich konnte beobachten, wie sich Blicke durch den Raum trafen und sich ein leichtes Unbehagen breitmachte. Das Thema wurde vorübergehend fallengelassen, tauchte aber bald wieder auf. Die Frauen wurden verlegen, und eine von ihnen erklärte, daß sie unter gar keinen Umständen Kinder haben wolle. Eine andere pflichtete ihr bei; auch für sie kämen Kinder nicht in Frage. Mein Mann wollte die Sache keinesfalls auf sich beruhen lassen, deshalb bohrte er nach den Gründen. Beide Frauen (zwei Melancholikerinnen) erklärten rundweg, sie könnten einem Kind nicht die genügende Liebe geben, aus diesem Grund wollten sie sich erst gar keine anschaffen. Die Ehemänner wären wohl gern Vater geworden, aber gegen das Nein ihrer Frauen waren sie machtlos. Ich gab zu bedenken, daß Gott einer Frau doch neun Monate Vorbereitungszeit schenke. In dieser Zeit beginnt sich im Mutterherzen die Liebe für das kleine Wesen zu regen, das in ihr heranwächst. Die ersten Bewegungen, der vergrößerte Umfang, der zusätzliche Herzschlag, alles dies nährt die wachsende Liebe der Mutter zu ihrem ungeborenen

Kind. Diese beiden Frauen aber wollten diese Liebe schon vor der Schwangerschaft verspüren. Wie bereits erwähnt, wollen melancholische Frauen Mutterliebe garantiert wissen und sie möglichst schon erfahren, noch ehe sie überhaupt empfangen. Wenn eine Mutter die Schwangerschaft betend und voll froher Erwartung erlebt, wird ihr Herz mit so viel Liebe zu ihrem Kind erfüllt, wie sie braucht.

„Und Gott segnete sie und sprach zu ihnen: Seid fruchtbar und mehret euch und füllet die Erde ...“ (1. Mose 1,28a).

Gottes erstes Gebot an den Menschen war, sich zu vermehren und die Erde zu bevölkern. Heute wird uns beigebracht, die Erde sei überbevölkert und unsere Aufgabe bestehe darin, keine Kinder zu haben. Unser Gehorsam aber gilt in erster Linie Gott, der alle Menschen geschaffen und die Geschicke der Welt, in der wir leben, in der Hand hat.

In vielen Gesprächen mit kinderlosen Ehepaaren stelle ich sehr bald fest, daß ihre wahren Motive keineswegs so edel sind, wie sie oberflächlich gesehen den Anschein haben. Selbst in den plausibelsten, stichhaltigsten Ausreden scheint eine Portion Egoismus mitzuschwingen.

Junge Leute, die wirklich unter der Führung des Heiligen Geistes stehen wollen, sollten eine Entscheidung von dieser Tragweite nicht treffen, ohne vorher den Willen ihres himmlischen Vaters erfragt zu haben. Göttlicher Segen setzt Gehorsam voraus.

Die rechte Kommunikation

Die Kunst der Kommunikation zu beherrschen, bedeutet nicht, daß man ein übermäßiger Schwätzer sein muß. Kommunikation bedeutet nicht nur Reden, sondern auch Zuhören. Eine sehr liebe, äußerst redselige Dame sagte mir einmal im Brustton der Überzeugung: „Ich habe keinerlei Kommunikationsschwierigkeiten." Tatsache ist, sie war total im Irrtum. Was sie eigentlich sagen wollte, war: „Mir fällt das Reden überhaupt nicht schwer." Kein Wunder, sie hatte es völlig für sich gepachtet. Ihr Mann hatte nur selten Gelegenheit, seine Ansichten zu äußern. Sie sagte stets genau das, was sie dachte, kümmerte sich aber herzlich wenig um die Meinung ihres Mannes. Dabei war er ein ganz prächtiger Mensch. Ich kann mir gut vorstellen, daß er in seinem Innern eine Fülle an wertvollen Gedanken gespeichert hatte, die er nicht loswerden konnte.

Kommunikation beruht auf Gegenseitigkeit. Zuhören gehört dazu ebenso wie Reden. Eines der größten Probleme in unseren modernen Ehen ist die Unfähigkeit der Partner, sich richtig mitzuteilen. Deshalb muß die Frau auch ihre Zunge unter die Zucht des Heiligen Geistes stellen, damit sie weiß, wann sie zu schweigen und wann sie zu reden hat und wie sie etwas sagen soll, das gesagt werden muß. Ebenso wichtig wie das, was wir sagen, ist, wie wir es sagen.

Eine wesentliche Voraussetzung für eine fruchtbare Verständigung ist die Liebe. 1. Korinther 13 enthält eine lange Liste positiver Eigenschaften, die ohne die Liebe jeden Wert verlieren. Wird die Liebe, wie sie in diesem Kapitel beschrieben wird, so auf die Ehe übertragen, wird sich die Verständigung zwischen Mann und Frau wesentlich verbessern. Diese Verständigung schenkt der Heilige Geist denen, die unter seiner Herrschaft stehen.

Die Liebe …

 ist langmütig
 ist freundlich
 ist nicht neidisch
 prahlt nicht
 tut nicht groß
 ist nicht aufgeblasen

verletzt nicht den Takt
ist frei von Selbstsucht
kennt keine Bitterkeit
trägt nichts Böses nach
hat keinen Gefallen am Unrecht
freut sich der Wahrheit
trägt alles
glaubt alles
hofft alles
duldet alles
hört nie auf

Diese Liebe oder Verständigung dürfen Sie nicht davon abhängig machen, wie Ihr Mann Sie behandelt. Es ist Ihre Pflicht, ihn nach dieser Liste zu behandeln. Wenn Sie sich dieser Verantwortung stellen, wird die Folge eine „störungsfreie Verständigung" sein.

An dieser Stelle möchte ich einen Gedanken einflechten, der vielen Männern auf den Nägeln brennen dürfte. Die meisten Ehefrauen sind sich gar nicht bewußt, wie leicht sie mit achtlosen Bemerkungen das Denken ihrer Männer beeinflussen können. Oftmals bedarf es nur einer kleinen Klage, einer Kritik oder abfälligen Bemerkung, um die Gedanken eines Mannes zu färben. Wie ein Ehemann und Pfarrer einmal erzählte, gestattete er seiner Frau niemals, sich in seiner Gegenwart über irgendein Mitglied seiner Gemeinde zu äußern. Eine solche Bemerkung pflegte sein Denken gegen den Betreffenden derart zu beeinflussen, daß er nicht in der Lage war, sie wieder abzuschütteln. Außerdem hat die Bibel eine ganz entschiedene Meinung dazu:

„Afterredet nicht untereinander, liebe Brüder. Wer seinem Bruder afterredet und richtet seinen Bruder, der afterredet dem Gesetz und richtet das Gesetz. Richtest du aber das Gesetz, so bist du nicht ein Täter des Gesetzes, sondern ein Richter" (Jakobus 4,11).

So manches Mal habe ich früher meinem Mann gegenüber achtlos irgendeine Bemerkung über jemanden fallen lassen. Ganz unbewußt hat sich diese Bemerkung in seinem Denken festgesetzt und ihn dann irgendwann einmal zum Guten oder Bösen gegen die betreffende Person beeinflußt. Die vom Heiligen Geist erfüllte Frau muß ihre Gedanken und ihre Zunge hüten, will sie nicht ein unnötiges Gericht auf einen anderen Menschen bringen. Wie oft machen wir uns schuldig, indem wir in einem Moment Gott loben und schon im nächsten einem anderen Menschen Schaden zufügen.

„Durch sie loben wir Gott, den Vater, und durch sie fluchen wir den Menschen, die nach dem Bilde Gottes gemacht sind. Aus einem Munde geht Loben und Fluchen. Es soll nicht, liebe Brüder, also sein" (Jakobus 3,9-10).

Der Heilige Geist kann unsere Zunge so zügeln, daß unsere Worte weise und mit Liebe gewürzt sind. Im Jakobusbrief heißt es weiter, daß von dem weisen Menschen nur gute Worte und Werke hervorgehen, und so wir uns ihrer nicht rühmen, werden wir wahrhaft klug und weise sein.

Ich habe die Erfahrung gemacht, daß es manchmal besser ist, eine Sache vor Gott zu bringen und ihn zu meinem Mann reden zu lassen. Es gibt gewisse Dinge, die ich garantiert verpfusche, wenn ich mich selbst einzumischen versuche.

Vor einigen Jahren machten wir mit zweien unserer Kinder eine Europareise. Es war eine echte Bewährungsprobe für uns alle, da wir gewöhnlich viele Stunden am Tag auf engstem Raum zusammengepfercht waren, sei es im Hotel, im Auto oder im Zug. Bemüht, die Reise für uns alle so angenehm wie möglich zu gestalten, war ich doch sehr bekümmert darüber, daß wir eine wichtige Sache in unserem Zusammensein vernachlässigten. Über all der Aufregung des Reisens – mit Pässen, Zügen, fremden Sprachen und anderem mehr – hatten wir vergessen, als

Familie zu beten. Es gab Tage, an denen ich andeutete, klagte oder auch klipp und klar erklärte, daß unsere Schwierigkeiten nur den einen Grund haben konnten, daß wir nicht gebetet hatten. Schließlich kam mir der Gedanke, daß die Wirkung sicherlich größer und überzeugender wäre, wenn die Initiative von meinem Mann ausging. Also überließ ich alles weitere dem Herrn, ohne allerdings Großes zu erwarten. Um so größer war meine Überraschung, als mein Mann plötzlich irgendwo zwischen Wien und Innsbruck den Wagen anhielt mit den Worten: „Kinder, wir haben das gemeinsame Gebet vernachlässigt, und ich meine, wir sollten jetzt nicht weiterfahren, ohne miteinander gebetet zu haben!" Welch wunderbarer, erquickender Gebetsgeist herrschte in unserem Wagen, und wie froh war ich, daß nicht ich die Drahtzieherin gewesen war. Gott hatte es gewirkt!

Zur rechten Kommunikation gehören demnach Liebe und Weisheit unter der Leitung des Heiligen Geistes. Die Frucht, die Sie ernten, wird eine aufrichtige, einträchtige Gemeinschaft zweier Herzen und Sinne sein.

„Die Weisheit dagegen, die von oben stammt, ist vor allem lauter, sodann friedfertig und milde, nachgiebig, voll Erbarmen und guter Früchte, und durchsichtig, frei von Argwohn. Diese Frucht der Gerechtigkeit reift nur im Frieden bei denen, die Frieden verbreiten" (Jakobus 3,17-18).

Keine Angst vor Unterwerfung

Die Frau, die ihr Leben an Jesus Christus ausgeliefert hat, wird sich auch in allen Dingen ihrem Mann unterzuordnen suchen. Wofür auch immer die Verfechter der Frauen-Emanzipation eintreten – alles, was von der göttlichen Ordnung in bezug auf die Frau abweicht, ist unrecht. Für die Frau bedeutet die Unterordnung unter ihren Mann nicht, ihm hilflos ausgeliefert zu sein oder von ihm beherrscht zu werden, sondern ihn in seiner Rolle als „Haupt" oder „Chef" anzuerkennen. Ein kluger Chef weiß, wie er die Gaben in anderen am besten fördern und nutzen kann. Das ist Gottes Willen für den Mann im Blick auf seine Frau. Er hilft ihr, ihre Möglichkeiten zur vollen Entfaltung zu bringen. Er behält den Überblick über das Gesamtgeschehen, übergibt ihr aber die Verantwortung über Bereiche, die sie gut beherrscht. So ist die wahrhaft emanzipierte Frau nach dem Willen Gottes ihrem Mann unterworfen. Am Beispiel Jesu wird uns deutlich gemacht, daß wahre Unterwerfung weder unwillig noch widerstrebend geschieht, noch ist sie die Folge eines Autoritätsmißbrauchs, sondern vielmehr ein Akt der Anbetung Gottes, wenn der Beweggrund dafür der bewußt gewollte, freiwillige Gehorsam dem Mann gegenüber ist.

„Und seid untertan untereinander in der Furcht Gottes. Die Weiber seien untertan ihren Männern als dem Herrn. Denn der Mann ist des Weibes Haupt, gleichwie Christus das Haupt ist der Gemeinde, und er ist seines Leibes Heiland. Aber wie nun die Gemeinde ist Christo untertan, also auch die Weiber ihren Männern in allen Dingen" (Epheser 5,21-24).

Jesus war seinem Vater völlig untertan unter Verzicht sämtlicher Rechte, die er besaß. Doch deshalb büßte er seine Identität nicht ein. Im Gegenteil, er wußte genau, wer er war und wozu er auf der Erde war. Obwohl er Mensch in Knechtsgestalt wurde, wußte er, daß er Gottes Sohn war und Gott dem Vater gleich. In der Gottheit herrschen vollkommene Einigkeit, Gleichheit und Harmonie.

Untertansein ist kein Minderwertigkeitsstatus. Der Mann ist das Haupt seiner Frau, ebenso wie der Vater im Himmel das Haupt Christi ist. Sie sind eins und einander gleich, aber es kann nur einen Führer geben. Gottes Wille ist es, daß der Mann dieses Amt innehat. Dennoch sollen die beiden wie ein Team zusammenarbeiten, einander ergänzen, und nicht miteinander konkurrieren.

Manche Frau, die sich unterwürfig gibt, ist in ihrer Geisteshaltung alles andere als unterwürfig. Frauen empfinden es mitunter als eine Ungerechtigkeit, daß der Mann immer seinen Willen im Leben durchsetzt.

Im Anschluß an einen Vortrag vor einem Frauenkreis kam eine kleine Dame von fast siebzig Jahren nach vorn, um mir die Hand zu schütteln. Mit bebender Stimme sagte sie: „Vergangene Woche feierten mein Mann und ich unseren fünfzigsten Hochzeitstag. In all den Jahren habe ich meinen Mann stets das Regiment in unserer Ehe führen lassen. Schließlich, vor ungefähr einer Woche, beschloß ich, daß nun ich an der Reihe sei, und übernahm das Kommando. Es war furchtbar, und wir sind beide so unglücklich. Eben, als Sie zu uns sprachen, wurde mir klar, woran es liegt. Ich bin Gott ungehorsam gewesen." Ich küßte sie und bat sie, ihre Tränen zu trocken. Gott sah ihre Bereitschaft, sich nunmehr äußerlich und innerlich unterzuordnen. Christus fühlte sich nicht von seinem Vater zurückgesetzt, weil er dazu ausersehen worden war, ein Knecht zu sein. Die Bibel sagt, er habe sich erniedrigt und sei gehorsam gewesen.

„Ein jeglicher sei gesinnt, wie Jesus Christus auch war: welcher, ob er wohl in göttlicher Gestalt war, hielt er's nicht für einen Raub, Gott gleich zu sein, sondern entäußerte sich selbst und nahm Knechtsgestalt an, ward gleich wie ein anderer Mensch und an Gebärden wie ein Mensch erfunden; er erniedrigte sich selbst und ward gehorsam bis zum Tode, ja bis zum Tode am Kreuz" (Philipper 2,5-8).

In Vers 9 wird weiter berichtet, daß Gott seinen Sohn erhöhte und ihm einen Namen gab, der über alle Namen ist.

„Daß in dem Namen Jesu sich beugen sollen aller derer Knie, die im Himmel und auf Erden und unter der Erde sind und alle Zungen bekennen sollen, daß Jesus Christus der Herr sei zur Ehre Gottes des Vaters" (Philipper 2,10-11).

Ach, daß wir uns doch die Herzenseinstellung Jesu zu eigen machten – die Bereitschaft, erniedrigt zu werden, gehorsam zu sein bis zum Tode und untertan zu sein. Es ist das gleiche Prinzip wie das: „Wer sein Leben verliert, der wird es finden." Die Frau, die sich erniedrigt, (ihrem Ich stirbt) und ihrem Manne untertan wird (ihm dient), wird in dieser Gemeinschaft zu sich selbst finden. Ein Diener ist jemand, den es glücklich macht, einem anderen zum Erfolg zu verhelfen. Die Gesetze dieser Welt ermöglichen es einer Frau, ihre Rechte zu bestimmen und durchzusetzen, wiewohl sie sie am Ende verlieren könnte; die Gesetze Gottes aber sind Demut und Unterwerfung. Wenn du deinem Ich stirbst und dich deinem Mann unterordnest, kannst du ein reiches, erfülltes Leben führen.

Unlängst hatte ich geschäftlich mit einer total emanzipierten Frau zu tun. Im Verlauf unserer Unterhaltung fielen etliche Bemerkungen über ihre Ehe, und dann sprudelte es plötzlich aus ihr hervor. „Sie werden festgestellt haben, daß ich von Abhängigkeit in der Ehe absolut nichts halte. Das letzte, was ich wollte, wäre, meinem Mann auf der Tasche liegen zu müssen." Sodann, weil sie wohl spürte, daß eine nähere Erklärung am Platze war, schilderte sie die ungewöhnliche Abmachung, die sie und ihr Mann getroffen hatten. Er hat seinen Beruf und eigenes Bankkonto, sie hat ihre Position, ebenfalls mit eigenem Konto. Für die laufenden Ausgaben legen beide gleich hohe Beträge in einen gemeinsamen Fonds. Auf den ersten Blick sieht das alles vielleicht ganz großartig aus, doch unter der Oberfläche schmorte eine Glut, die jeden Moment in lodernde Flammen aufzugehen drohte. Das Schicksal wollte es, daß sie beruflich erfolgreicher war als er und sich daher auch ein teureres Auto leisten konnte. Ihre Garderobe war aufwendiger, und in diesem Sommer fuhr sie allein in Urlaub, weil er die Reise, die sie machte, gar nicht bezahlen konnte. Unsere Unterhaltung war schon so gut wie beendet, als sie endlich mit dem herausrückte, was ich bereits erahnt hatte. „Ich habe jegliche Achtung vor diesem Mann verloren, weil er ein solcher Versager ist!" Könnten wir den Kalender um einige Jahre zurückblättern, wir würden sicherlich feststellen, woher es kam, daß er ihr unterlegen und so leistungsschwach war. Diese „Niete" war ihr Werk, und nun hatte sie ihn satt. Ich bin überzeugt, daß sie ihre Rechte immer genau abgesteckt und auch durchgesetzt, aber niemals die Möglichkeit in Betracht gezogen hat, daß sie und ihr Mann auch als Team hätten zusammenarbeiten und einander ergänzen können. Es war nicht schwer zu erraten, daß der Ehemann Phlegmatiker und die Ehefrau eine „emanzipierte Cholerikerin" war. Trotz ihrer Unterschiede hätten die Gesetze Gottes auch in ihrem Fall funktioniert, wenn sie nur bereit gewesen wäre, sich unterzuordnen. Heute jedoch ist sie so emanzipiert, daß zwei einsame Menschen ihren Weg allein durchs Leben gehen. Was hätte aus diesem Mann werden können, wenn sie sich mit all ihren Vorzügen ihm untergeordnet, mit ihm zusammengearbeitet und ihn das „Haupt" hätte sein lassen!

Die Frau, die ihren Mann wirklich liebt, wird sich sein Glück als höchstes Ziel setzen. Mit dieser Motivation sind beide am Ende Gewinner.

Konflikte allein sind noch lange kein Grund dafür, gleich die Koffer zu packen. Scheidung ist nicht immer die Lösung. Wenn sich zwei Persönlichkeiten mit zwei unterschiedlichen Temperamenten zusammentun, wird es naturgemäß Meinungsunterschiede geben. Je ausgeprägter die Temperamente, desto größer die Konflikte. Beide Partner müssen ihr Leben unter die Führung des Heiligen Geistes stellen, um in Glück und Frieden miteinander zu leben. Es ist uns immer wieder eine Freude, erleben zu dürfen, wie sich zwei Menschen nach viel Kampf in ihrer Ehe zu dieser Entscheidung durchringen, und dann zu beobachten, wie sich ihr Leben und ihre Ehe verwandeln. Mit der Hilfe des Heiligen Geistes können Sie verheiratet bleiben – für immer.

Lieben Sie Ihren Mann zu Christus hin

Wo sind die gläubigen Ehemänner? In der Geschichte der Christenheit hat es sicherlich Millionen gläubiger Frauen gegeben, die mit ungläubigen Männern verheiratet waren. Nach jedem Vortrag suchen mich bestimmt fünf oder sechs von ihnen auf, um mich zu bitten, ganz besonders für ihren Mann zu beten. Diese Frauen brauchen ein ungewöhnlich hohes Maß an gottgeschenkter Liebe, die sie durchdringt. So manches Mal wird sich die eine oder andere dieser Frauen fragen, woher sie die Kraft nehmen soll, um weiterzuleben. Um es bei manchen solcher Männer auszuhalten, von denen mir Frauen erzählt haben, bedarf es zweifellos viel göttlicher Gnade und Weisheit. Aber Gott ist so treu! Nichts ist unmöglich! Er liebt mit einer ewigen Liebe, und sein Herz blutet über einen ungeretteten Ehepartner. Schließlich ist er auch für die Seele Ihres Mannes gestorben.

Führen Sie ein Gott wohlgefälliges Leben

Durch die Treue und unwandelbare Liebe ihrer Frauen sind schon viele Männer für Christus gewonnen worden. Eine Frau sollte nicht versuchen, ihren Mann zu ändern. Sie muß lernen, ihn so zu nehmen, wie er ist. Es gibt Ehemänner, die sehr fordernd und mithin sogar trotzig werden, wenn sie merken, daß der Heilige Geist an ihnen arbeitet, um sie von ihrer Sünde zu überführen. Dies ist eine notvolle Zeit der Prüfung für die ganze Familie, vor allem für die Frau. Gerade dann muß der Mann vom Geist des Gebets und des Verständnisses umgeben werden; die Frau bedarf der Fülle des Heiligen Geistes, um besonnen zu bleiben und nicht die Nerven zu verlieren. Gottes Wille ist, daß die Frau ihrem Mann untertan sei, auch dann, wenn er nicht gläubig ist.

„Desgleichen sollen die Weiber ihren Männern untertan sein, auf daß auch die, so nicht glauben an das Wort, durch der Weiber Wandel ohne Wort gewonnen werden, wenn sie ansehen euren keuschen Wandel in der Furcht" (1. Petrus 3,1-2).

„... sondern der verborgene Mensch des Herzens unverrückt mit sanftem und stillem Geiste, das ist köstlich vor Gott. Denn also haben sich auch vorzeiten die heiligen Weiber geschmückt, die ihre Hoffnung auf Gott setzten und ihren Männern untertan waren" (1. Petrus 3,4-5).

Bemühen Sie sich, Ihren Mann zu verstehen

Ihr ungläubiger Ehemann braucht sehr viel Verständnis und Zuwendung – stellen Sie sich nicht gegen ihn. Am wenigsten nutzt ihm eine nörgelnde Ehefrau; was er braucht, ist eine positiv eingestellte, schöpferische Ehegefährtin, die ihm zur Seite steht. Versuchen Sie herauszufinden, was ihm Freude macht, was ihn ärgert oder ihm Kummer bereitet, und stellen Sie sich darauf ein. Wie können Sie ihm am ehesten Mut machen? Tragen Sie seine Probleme nie nach außen – und vor allem erinnern Sie Ihren Mann nicht ständig an Gott – statt dessen erinnern Sie Gott an Ihren Mann.

Suchen Sie, ihm zu gefallen

Die Frau eines ungläubigen Mannes sollte die beste Hausfrau in der ganzen Stadt sein. Ihrem Mann sollte das Essen zu Hause immer schmecken. Ihre Hausarbeit sollte sie liebevoll und betend verrichten. Manche Ehemänner werden sehr kritisch gegen ihre gläubigen Ehefrauen. Ihre Pflicht ist es, alles in ihrer Macht Stehende zu tun, um ihren Mann zufriedenzustellen, denn damit macht sie ihm Ehre. Weit wichtiger noch als das, was sie tut, ist der Geist, in dem sie es tut. Sie sollte liebenswürdig sein, eine Frau, die man gern um sich hat.

Achten Sie ihn

Wichtig ist vor allem, daß Sie Ihrem Mann Gehorsam und Achtung entgegenbringen. Es wird vielleicht Ausnahmefälle geben, in denen Sie sich dem Willen Ihres Mannes nicht beugen, ihm nicht gehorsam sein können. Aber dies sind, wie gesagt, Ausnahmefälle, dann nämlich, wenn er etwas von Ihnen verlangt, das sich absolut nicht mit der Bibel vereinbaren läßt. Dafür gibt es nur wenige Beispiele – Ehebruch, Lüge, Diebstahl usw. Viel zu häufig greifen Frauen zu dem Argument, der Herr hätte sie so geführt, sich dem Willen ihrer Männer zu widersetzen, ohne dazu einen klaren Befehl aus der Schrift zu haben. Unter Umständen bedeutet dies, daß Sie auf die Teilnahme an einer Bibelstunde oder sogar am Gottesdienst verzichten müssen. Bedenken Sie, daß Ihr Gehorsam und Ihre Unterwerfung, wenn sie in der rechten Gesinnung vollzogen werden, mehr dazu beitragen, ihn für Christus zu gewinnen, als der Besuch der Bibelstunde.

Machen Sie ihm ständig Vorhaltungen? Können Sie Gott Ihren Mann hinlegen und die Folgen seines Handelns ihrem himmlischen Vater überlassen? Haben Sie Ihre Kinder dazu erzogen, ihren Vater zu achten? Engagieren Sie sich so sehr in Ihrer Gemeinde, daß Sie oft von zu Hause weg sind? Sind Sie kritisch und unfreundlich gegen ihn gewesen? Es mag sein, daß Sie Ihre verkehrte Einstellung und falsches Handelns bekennen und Ihren Mann um Verzeihung bitten müssen.

Haben Sie jemals über die Folgen mangelnder Unterwerfung nachgedacht? Viele Frauen „sehen rot", wenn dieses Thema zur Sprache kommt, und meinen nur, sie würden unterdrückt und ihrer Rechte beraubt. Ist Ihnen jemals der Gedanke gekommen, daß Gott Ihnen niemals geboten hätte, Ihrem Mann untertan zu sein, wenn dieser Ihre Achtung und Bewunderung nicht nötig hätte? Die frustriertesten Männer, mit denen wir es zu tun haben, sind keine beruflichen oder geistigen Versager, sondern Männer, deren Frauen ihnen den Respekt verweigern, indem sie sich ihnen nicht unterwerfen. Wie viele Männer verdienten die Achtung ihrer Frauen, scheitern aber an deren Überheblichkeit und Weigerung, sich unterzuordnen. In einer solchen Ehe gibt es nur Verlierer.

Mein Mann und ich durften eine gottesfürchtige Frau kennenlernen, die ihren Mann im wahrsten Sinne des Wortes zum Herrn hinliebte. Es begann damit, daß sie ganz allein zum Gottesdienst kam. Sie schlüpfte in die Kirche und wieder hinaus, ohne sich aufzuhalten, so daß es schwer war, sie näher kennenzulernen. Erst später erfuhren wir den Grund, warum sie in unseren Frühgottesdienst kam und sofort wieder ging. Sie wollte rechtzeitig wieder daheim sein, um ihrem Mann, der dann gerade aufstand, das Frühstück zu servieren. Jeden Sonntag verbrachte sie mit ihm und richtete sich ganz nach seinen

Plänen. Diese Frau war eine stille Beterin. Sie liebte den Herrn sehr, doch als man sie bat, eine Sonntagsschulgruppe zu übernehmen, lehnte sie freundlich ab. Ihr Nein bedeutete nicht, daß sie die Gruppe nicht gern unterrichtet hätte, sondern daß sie es für vorrangig erachtete, ihrem Mann eine gottesfürchtige Frau und Partnerin zu sein. Allein, ohne ihren Mann, als Mitglied in die Gemeinde aufgenommen zu werden, lehnte sie ebenfalls ab, weil sie der Meinung war, daß auch die Zugehörigkeit zu einer Gemeinschaft etwas sei, worin sie mit ihrem Mann eines Sinnes sein müßte. Ob sie mit dieser Meinung recht hatte oder nicht, sei dahingestellt, fest steht, daß sie eine großartige Einstellung hatte und das Verlangen, dem Herrn zu gefallen.

Sieben lange Jahre erlebten wir sie als treue, fürsorgliche und gehorsame Ehefrau. An einem Ostersonntagmorgen erklärte ihr Mann, daß er etwas früher aufstehen wolle als sonst, um seine Frau zum Gottesdienst zu begleiten. Es war einzig und allein sein Entschluß und der Anfang eines neuen Lebens für ihn. Nicht lange danach nahm er den Herrn Jesus in sein Herz auf, und jenes Ehepaar wurde eins in Christus. Heute sind sie treue Gemeindeglieder und Mitarbeiter. Diese Frau kann auf die langen Jahre des Wartens und stillen Betens ohne Wehmut und Reue zurückblicken. Sie hatte weder genörgelt noch gepredigt, noch gar ihren Mann zugunsten von Gemeindeveranstaltungen sitzen lassen, sondern ihm einfach ein wunderbares, standhaftes Zeugnis vorgelebt.

SIE HABEN SEINEN BERUF MITGEHEIRATET

Sich nach den Plänen Ihres Mannes zu richten kann bedeuten, daß Sie ihn, bedingt durch seinen Beruf, nur zeitweise genießen können. Ich habe mit den Ehefrauen von Armeeangehörigen, Ärzten, Pfarrern, Politikern, Geschäftsleuten etc. gesprochen und mir ihre Klagen angehört. Sie klingen alle sehr ähnlich. „Mein Mann ist so viel unterwegs, daß ich die Kinder ohne ihn großziehen und auch den Haushalt allein bewältigen muß." Aus den Vorwürfen dieser Frauen kann man eine Mischung aus Einsamkeit, Selbstmitleid, Groll und Niedergeschlagenheit heraushören. Sie kommen sich irgendwie hilflos vor.

Vor einiger Zeit besuchte ich einmal die Ehefrau eines Kongreßabgeordneten in Washington. Sie erzählte mir, wie sehr sie zu Beginn seiner Amtszeit unter der Situation gelitten habe. Bemüht, seinem Land nach besten Kräften zu dienen, ging ihr Mann ganz in seinem neuen Beruf auf. Dies war naturgemäß mit täglich langen Stunden im Büro und etlichen ausgedehnten Reisen in seinen Wahlbezirk verbunden. Sie hielt sich für sehr bedauernswert und fragte sich unentwegt, was sie in Washington überhaupt verloren habe. Sogar der tägliche Gang zum Müllkasten, den er ihr bislang immer abgenommen hatte, war eine ständige Erinnerung, daß sie nun ganz allein ein großes Haus führen und drei Kinder großziehen und sich mit einem „Gelegenheits"-Ehemann und -Vater zufriedengeben mußte. Ihr Selbstmitleid nahm solche Formen an, daß sie ihr Äußeres zu vernachlässigen begann. Sie schwelgte in ihrer Rolle der einsamen, depressionsgeplagten Ehefrau. In den wenigen kurzen Stunden, die ihr Mann mit ihr verbrachte, mußte er sich die Klagen einer nörgelnden, unzufriedenen Frau anhören, die aussah, als habe sie Kamm und Spiegel verloren. Die Situation spitzte sich derart zu, daß sie sogar ernsthaft in Erwägung zog, mit den Kindern wieder in ihre Heimatstadt zurückzuziehen.

Aber da griff Gott ein. In Washington wurde sie in einen Bibelkreis eingeladen, wo sie die Frauen anderer Politiker und Regierungsbeamten kennenlernte, die allesamt einen glücklichen und zufriedenen Eindruck machten. Was besaßen diese Frauen, daß sie so anders waren? Wie sie auch mußten sie sich mit dem Umstand abfinden, daß ihre Ehemänner häufig von zu Hause weg waren, doch im Gegensatz zu ihr schienen sie viel besser damit fertigzuwerden. Sie lernte Jesus Christus kennen und nahm den Einen in ihr Leben auf, der den Unterschied bewirken kann. Über alledem wurde ihr klar, daß die richtige Einstellung zu ihrem Mann und seinem Beruf auch ihre Einstellung zum Leben schlechthin ändern würde. So fing sie an, wie sie mir erzählte, sich auf die positiven Dinge in ihrem Leben zu konzentrieren, und stellte fest, daß sie viel Grund zum Danken hatte. Als ich sie zuerst kennenlernte, lag dies bereits einige Monate zurück. Mein erster Eindruck von ihr war der einer glücklichen, zufriedenen Frau. Der Heilige Geist hatte den Wandel zustandegebracht. Ich bin überzeugt, daß ihr Mann heute ein noch besserer Kongreßabgeordneter ist dank der veränderten Einstellung der Frau an seiner Seite. Sie ist ihm eine echte Gehilfin geworden.

Das gleiche gilt auch für Frauen, deren Männer Ärzte oder Pfarrer sind, oder irgendeinen Beruf ausüben. Ehemänner können viel erfolgreicher und glücklicher sein, wenn eine Frau hinter ihnen steht, die eine vom Heiligen

Geist geprägte Einstellung zum Beruf ihres Mannes hat und bereit ist, sich ganz „in seine Pläne zu fügen".

Ich glaube, daß ich hier aus eigener Erfahrung sprechen kann. Mein Mann war immer sehr viel unterwegs. Er mußte Familienseminare und andere Tagungen halten, die ihn kreuz und quer durch Amerika führten. Als unsere Kinder noch klein waren, fiel es mir schwer, mich mit seinen ständigen Reisen abzufinden. Die ganze Zeit über, die er fort war, beschäftigte ich mich mit den negativen Seiten seines Berufes. Wenn er dann schließlich nach Hause kam, traf er einen deprimierten Tyrannen an. Eines Tages – mein Mann war wieder einmal fort – erhielt ich einen Brief von einer Dame, die in einer seiner Versammlungen besonders gesegnet worden war. Der Brief lautete etwa so:

Liebe Frau LaHaye!
Ich kenne Sie nicht, doch ich möchte Ihnen danken, daß Sie Ihren Mann mit so vielen anderen Menschen teilen. Es muß schwer für Sie sein, so viel allein zu sein. Gewiß haben Sie daheim gebetet, daß Gott ihn mächtig gebrauchen möge. Ich bin durch seine Botschaft reich gesegnet worden, und Gott hat ihn gebraucht, um mir zu helfen, ein brennendes Familienproblem zu lösen. Unser himmlischer Vater wird Sie für Ihre Güte und Treue reich belohnen.
Wenn Sie geahnt hätte, daß ich keineswegs zu Hause gesessen und gebetet hatte – vielmehr hatte ich gemurrt und geknurrt. Aber Gott benutzte diese liebe Dame, um mir ins Gewissen zu reden, und mir wurde klar, wieviel Segen ich mir durch meine negative Haltung entgehen ließ. Von da an wurde ich zur mächtigsten Gebetsstreiterin meines Mannes. Es ist erstaunlich, wie sich unsere Einstellung ändert, wenn wir beten statt jammern. Fortan wurde der Dienst meines Mannes auch der meine, und ich durfte seinen Segen miternten. Heute begleite ich meinen Mann auf seinen Reisen und spreche selbst auf

den Familienfreizeiten, denen ich anfangs so negativ gegenübergestanden hatte.

Eine führende Frauenzeitschrift brachte einen Bericht über die Frau eines Kongreßabgeordneten, die wegen der Einsamkeit, die sein Beruf für sie mit sich brachte, drei Jahre lang von ihrem Mann getrennt gelebt hatte. Schließlich sei sie zu ihm zurückgekehrt, sagte sie, weil sie erkannt habe, daß sie trotz all der Unterschiede in Temperament und Zielsetzung keinen anderen Mann jemals so sehr würde bewundern können wie den ihren.

Aus dem Artikel ging nicht hervor, ob sie gläubig war oder nicht. Wenn sie sich ohne Christus zu diesem Entschluß hat durchringen können, wieviel leichter sollte es uns fallen, die wir die Hilfe Jesu in Anspruch nehmen dürfen!

Wenn wir stets auf die positiven Seiten sehen und lernen, die Dinge zu akzeptieren, die wir doch nicht ändern können, werden wir auf der Leiter zum Glück eine Stufe höher steigen. Die Frucht eines vom Heiligen Geist regierten Lebens wird sein: Freude, Friede, Langmut und ein frohes, dankbares Herz.

Lila Trotman – die Frau von Dawson Trotman, der bis zu seinem Tod Präsident der Navigatoren gewesen war, sagte einmal: „Dein Mann wird dir niemals richtig gehören, solange du ihn Gott nicht zurückgegeben hast. Er gehört dir erst dann, wenn du bereit bist, ihn überall hinziehen zu lassen, wohin Gott ihn ruft, und ihn tun zu lassen, was Gott von ihm verlangt. Du mußt immer bereit sein, Gott den ersten Platz in seinem Leben einzuräumen. Bedenke, dein Mann gehört in erster Linie Gott, danach erst dir."

Mit den Wechseljahren ist nicht alles zu Ende

Diese Veränderung bedeutet nicht das Ende Ihres Lebens. Viele Frauen werden schwermütig angesichts der Tatsache, daß sie nun keine Kinder mehr bekommen können – nicht etwa, daß sie in ihrem Alter noch welche haben wollten, es ist wohl eher die Erkenntnis, daß der Zeitabschnitt in ihrem Leben, da sie sich fortpflanzen können, nunmehr abgeschlossen ist.

Hinzu kommt, daß sich ungefähr um diese Zeit für viele der betroffenen Frauen auch andere Türen zu schließen scheinen. Die Aufgaben und Möglichkeiten, ihren Kindern zu helfen, ihr Leben aufzubauen, sind vielleicht vorüber, wenn das jüngste demnächst das Elternhaus verläßt, um auf eigenen Füßen zu stehen. Berufstätige Frauen fühlen sich vielleicht von jüngeren bedroht und fürchten um ihren Arbeitsplatz. Der Blick in den Spiegel zeigt ihnen, daß sich die Tür ihrer Jugend hinter ihnen schließt. Womöglich beschleicht sie sogar die Furcht, daß nunmehr auch das sexuelle Glück mit ihren Ehemännern zu Ende sein könnte. Diese Befürchtung wird sich im allgemeinen nicht bewahrheiten, trotzdem stoßen viele in diesem Punkt auf Schwierigkeiten. In der Regel lassen sie sich aber durch eine gezielte ärztliche Therapie ohne weiteres wieder beheben.

Jede Frau wünscht sich, daß ihre Wechseljahre und die Zeit danach zu einem schönen und denkwürdigen Abschnitt ihres reifen Lebens werden. Letztlich bringen sie ja auch Befreiung von der Angst der Schwangerschaft, von den Belastungen der Pflege und Erziehung kleiner Kinder und von den oft unangenehmen Begleiterscheinungen der Menstruation. Es gibt Frauen, die behaupten, daß sie in dieser Zeit so manche Schmerzen und Wehwehchen losgeworden sind und größere Energie besitzen als je zuvor. Viele Frauen melden sogar, daß sich die Wechseljahre regelrecht positiv auf ihr Geschlechtsleben ausgewirkt haben, weil sie sich nun nicht mehr vor einer ungewollten Schwangerschaft zu fürchten brauchen.

Überaus wichtig in dieser Zeit ist eine seelisch gesunde Einstellung. Vergessen Sie Ihre Tante und ihr Wehgeschrei, dies seien die schlimmsten Jahre ihres Lebens gewesen. Begegnen Sie ihnen mit einer positiven Einstellung und entwickeln Sie andere Interessen als nur immer zu fragen: „Wie fühle ich mich heute?" Wenn Sie sich jetzt zu sehr mit sich selbst und Ihrer Gesundheit beschäftigen, werden neue Leiden und unnötige Sorgen mit Sicherheit die Folge sein.

„Sorget nicht! Sondern in allen Dingen lasset eure Bitten im Gebet und Flehen mit Danksagung vor Gott kund werden" (Philipper 4,6).

Obwohl mit den Wechseljahren ein Abschnitt Ihres Lebens zu Ende geht, vergessen Sie nicht, daß ein neuer beginnt. Vielleicht finden Sie jetzt Zeit für die Interessen, die Sie schon immer entwickeln wollten, zu denen Sie aber nie gekommen sind. Sie können auf Ihre Reife und Lebenserfahrung zurückgreifen. Fähigkeiten, die bisher im verborgenen schlummerten, können jetzt geweckt und nutzbringend eingesetzt werden. Aus dem Wissen, daß Sie in dem hinter Ihnen liegenden Lebensabschnitt Ihre Aufgaben erfüllt haben, werden Sie Befriedigung schöpfen und gelassen einen neuen antreten.

Meine eigene liebe Mutter ist durch dieses neue Tor, das sich ihr auftat, geschritten, und reift nun zu voller Blüte. Seit ihrem 25. Lebensjahr hat sie sich immer nur um Haushalt und Familie gekümmert. Heute, hoch in den Siebzigern, besitzt sie eine ganz neue Energie. Viele ihrer Schmerzen und Wehwehchen sind abgeklungen, und sie ist in der Poststelle eines christlichen Werkes beschäftigt. Ihr Arzt meldet, daß sie sich heute besserer Gesundheit erfreut als vor zehn Jahren. Sie erlebt und erfüllt ein zweites Kapitel ihres Lebens.

Die folgende Information, die von einem Arzt stammt, halte ich für so wichtig, daß ich sie Ihnen nicht vorenthalten möchte: Während der Wechseljahre neigen die meisten Frauen dazu, an den Hüften und Oberschenkeln „auseinanderzugehen". Die kluge Frau wird deshalb in diesen Jahren eine Diät einhalten und regelmäßig Gymnastik betreiben, um ihr Gewicht unter Kontrolle zu halten. Wenn sie ihre Wechseljahre hinter sich gebracht und ihre Hüftmaßen in Grenzen gehalten hat, stehen die Chancen gut, daß sie für den Rest ihres Lebens keine Last mehr damit haben wird. Gelingt es ihr dagegen in dieser Zeit nicht, Herr über ihre Polster zu werden, wird sie sie nie mehr los.

Nein, mit den Wechseljahren ist nicht alles zu Ende. Sie sind lediglich eine Sprosse auf der Lebensleiter. Für die Frau, die sich Jesus Christus völlig ausgeliefert hat, wird jede neue Sprosse auf dieser Leiter kostbarer sein und größere Erfüllung bringen. Der Heilige Geist wird Ihnen helfen, mit Würde alt zu werden. Ihre Einstellung zu den Wechseljahren kann darüber entscheiden, ob Ihnen die zweite Hälfte Ihres Lebens zur Qual oder zur Freude wird.

Die totale Hausfrau

Die meisten Frauen sind – zumindest für einen großen Teil ihres Lebens – Hausfrauen, sei es aus freien Stücken oder gezwungenermaßen. Wenn sie nicht geheiratet haben, versorgen sie vielleicht den Haushalt ihrer betagten Eltern, einer Wohnungsgenossin oder auch ihren eigenen. Die verheiratete Frau führt den Haushalt für ihren Mann und ihre Kinder. Ich bin die Frauen ziemlich leid, die behaupten, „nur Hausfrau" zu sein. Gott hat uns als Gehilfinnen geschaffen, und wo können wir diese Aufgabe besser erfüllen als in unserem eigenen Heim? Die tugendsame Frau, die uns in Sprüche 31 geschildert wird, „überwacht alles Tun und Treiben im Hause".

Leiterin der Haushaltsabteilung

Für eine glückliche, erfolgreiche Haushaltsführung ist entscheidend, wie Ihre Einstellung dazu ist und welchen Dingen Sie den Vorrang geben.

„Und alles, was ihr tut mit Worten oder mit Werken, das tut alles in dem Namen des Herrn Jesu, und danket Gott und dem Vater durch ihn" (Kolosser 3,17).

Zu Anfang unserer Ehe kam es vor – sehr häufig sogar –, daß meine Hausarbeit weder mit Danksagung noch im Namen des Herrn Jesu getan wurde. In meinem Fall waren es nicht die großen Probleme, die mich zermürbten, es war die schwelende Unzufriedenheit über die unzähligen kleinen Pflichten, die immer und immer wieder getan werden mußten und mir so sinnlos erschienen. Tag für Tag verrichtete ich dieselben mechanischen Arbeiten. Ich sammelte schmutzige Socken auf, hängte feuchte Handtücher an ihre Halter, schloß die Schranktüren, knipste Lichter aus, die angelassen worden waren, und bahnte mir einen Weg durch die Berge von Spielsachen. Diese Arbeiten erschienen mir so unproduktiv. Für mich waren sie eine Quälerei. Natürlich steigerte sich mit dieser Einstellung meine Unzufriedenheit nur noch mehr. Depressionen waren die Folge. Ich war im wahrsten Sinne des Wortes „nur Hausfrau". Wenn Sie die verkehrte Einstellung haben, verlieren Sie auch den Blick für die vorrangigen Dinge.

Das aber entsprach nicht Gottes Willen für mich. Er hatte mich zur Gehilfin meines Mannes berufen und zur Leiterin der Haushaltsabteilung gemacht. Seine Arbeitsanleitungen für mich standen in der Bibel:

„Alles, was ihr tut, das tut von Herzen als dem Herrn und nicht den Menschen, und wisset, daß ihr von dem Herrn empfangen werdet die Vergeltung des Erbes; denn ihr dienet dem Herrn Christus" (Kolosser 3,23-24).

Ich sollte meine Hausarbeit von Herzen verrichten als dem Herrn, denn ich diente dem Herrn Christus! Unser Heim gehörte schließlich Gott. Wir hatten es ihm geweiht und ihn gebeten, Herr darin zu sein. Gott hatte meinen Mann zum Leiter gewisser anderer Abteilungen ernannt, mir aber die Verantwortung für den Haushalt übertragen. Wo anders hätte ich für einen großartigeren Chef arbeiten oder eine verantwortungsvollere Position bekleiden können? Ich war Chef-Wirtschafterin, zuständig für alle Belange seines Hauses, und ich wollte unser Heim zu einem Ort machen, wo Gott wohnte und Ordnung, Liebe und Glück herrschten.

Auf einem Brettchen in meiner Küche steht das Gedicht eines unbekannten Dichters. Es lautet sinngemäß wie folgt:

Herr aller Töpfe und Pfannen,
mir fehlt einfach die Zeit, eine Heilige zu sein,
Dir kostbare Opfer darzubringen,
des Abends lange Zwiesprache mit Dir zu halten,
in der Dämmerung mit Dir zu träumen
oder gar die Himmelstore zu erstürmen.
Laß mich deshalb eine Heilige sein,
indem ich das Essen koche und die Teller spüle.
Erwärme meine Küche mit Deiner Liebe
und erfülle sie mit Deinem Frieden.
Vergib all meine Sorgen und Klagen
und schenke mir ein frohes Herz.
Der Du selbst den Menschen Speise gabst
in Häusern oder am Ufer des Sees,
sieh auf meine Arbeit mit Wohlgefallen.
Sie ist mein Dienst für Dich.

Wenn Ihre Haushaltsführung von diesem Geist durchdrungen ist, wird Ihr Temperament zur Nebensache. Die nachlässige Sanguinikerin wird ein neues Verantwortungsbewußtsein verspüren und Ordnung in ihren Haushalt bringen. Die herrische Cholerikerin entfaltet Sanftheit und Milde, und ihr Heim wird zu einem Ort der Liebe. Die bedächtige, phlegmatische Paula wird eine spürbar stärkere Motivation für ihre Aufgaben feststellen, und die brummige Melancholikerin bekommt ein froheres und zufriedeneres Gemüt.

Fragen Sie sich einmal ernsthaft, was Sie mit Ihrer Haushaltsführung bezwecken. Dient sie Ihrer eigenen Befriedigung? Wollen Sie damit Ihren Freunden und Nachbarn imponieren, die vielleicht hereinschauen? Oder ist es Ihr Wunsch, Ihrer Familie, die Sie lieben und der Sie dienen wollen, ein gemütliches Zuhause zu schaffen?

Viele Frauen suchen der Wirklichkeit ihres Hausfrauendaseins zu entfliehen, indem sie sich in Romane vertiefen, tagsüber schon vor dem Fernsehgerät sitzen, ständig bei irgendeiner Nachbarin hocken oder stundenlang telefonieren. Sie sind Opfer der Fernsehwerbung, die die amerikanische (und deutsche) Hausfrau hinstellt, als besäße sie weder Intelligenz noch gesunden Menschenverstand. Die Hausfrau, die unter der Führung des Heiligen Geistes steht, wird alles tun, um sich nicht mit einem solchen Frauenzimmer zu identifizieren.

Wohnstil und Temperament

Ihr Heim und die Art, in der es eingerichtet ist, verrät, ob Sie eine glückliche, zufriedene oder eine mürrische „mir-ist-sowieso-alles-egal"-Hausfrau sind. Entscheidend ist nicht, wie teuer oder aufwendig die Möbel sind. Es ist durchaus nicht schwierig, auch mit bescheidenen Mitteln eine warme, liebevolle, gepflegte Atmosphäre zu schaffen. Strapazieren Sie Ihre Phantasie ein wenig, greifen Sie zum Farbpinsel oder zur Nähmaschine und experimentieren Sie einmal nach dem Motto „Selbst ist die Frau". Sie werden staunen, was Kleinigkeiten für eine große Wirkung haben können!

Die Art, wie Sie Ihr Heim einrichten, gibt wahrscheinlich auch Aufschluß über Ihr Temperament bzw. über das Ihres Mannes, je nachdem, wer bei Ihnen darüber entscheidet. Eine sehr allgemeine Zusammenfassung der Farben und Temperamente sieht etwa so aus:

Melancholikerin – gedämpfte Winterfarben, Braun-, Schwarz-, Grau- und Weinrottöne

Phlegmatikerin – duftige Frühlingsfarben, Pastelltöne in grün, gelb, rosa und blau

Cholerikerin – warme Herbstfarben, gold, braun, weinrot, gedämpftes Orange

Sanguinikerin – helle, aufdringliche Farben, rot, schreiendes Orange, grün, gelb.

Doch diese Farbzusammenstellungen müssen nicht unbedingt zutreffen. Es sind ja mehrere Temperamente in Ihnen vereint, deshalb ist es gut möglich, daß sich mehrere Geschmacksrichtungen überschneiden. Wichtig ist vor allem, daß Ihr Heim durch seine Farben, seine Gestaltung und seinen Gesamteindruck ein Zeugnis dafür ist, daß Christus im Herzen derer regiert, die darin wohnen.

Das Geheimnis der Gastfreundschaft

Fristen Sie in Ihrem Heim nicht nur Ihr Dasein, nehmen Sie sich Zeit, darin zu wohnen. Seien Sie gastfreundlich. Die Kunst der Gastfreundschaft verlangt keine aufwendigen Vorbereitungen und auch keine kostspielige Bewirtung. Seien Sie einfach natürlich und freundlich.

Worin liegt der Sinn der Gastfreundschaft? Bestimmt nicht in erster Linie darin, Gäste abzufüttern – essen können sie auch zu Hause. Viel wichtiger als das Essen ist Ihre Bereitschaft, einen Teil Ihrer Selbst weiterzugeben – Ihre Liebe, Ihre Güte, Ihre Freigebigkeit – und das können Ihre Gäste nur von Ihnen persönlich bekommen! Seien Sie bereit, ihnen zuzuhören, wirklich zuzuhören, denn es kann sein, daß sie sich an Sie wenden, um bei Ihnen Trost oder Freundschaft oder vielleicht auch Hilfe in ihrer Einsamkeit und Not zu suchen.

Früher war ich immer irrtümlich der Meinung, rechte Gastfreundschaft bestünde darin, mich abzurackern und vor lauter Vorbereitungen fast zusammenzubrechen, mit dem Erfolg, daß ich im entscheidenden Augenblick viel lieber ins Bett gegangen wäre statt zur Tür, um meine Gäste zu empfangen. „Gastfrei, gütig, züchtig, gerecht, heilig und keusch" sollen wir nach Titus 1,8 sein. Die denkwürdigsten Erfahrungen der Gastfreundschaft durfte ich mit Leuten machen, denen es Freude bereitete, ganz spontan und ohne große Vorbereitungen sich selbst und ihr Heim mit anderen zu teilen. Sie besaßen die wunderbare Gabe, daß sich ihre Gäste bei ihnen willkommen und wohl fühlten.

Eine nervöse Gastgeberin wird ihre Nervosität auch auf ihre Gäste übertragen. Einmal wurden wir von zwei sehr lieben Menschen in ihr wunderschönes Heim zum Essen eingeladen. Die Gastgeberin war jedoch nervös und angespannt, und obwohl sie eine aufwendige Mahlzeit zubereitet hatte, die auch nahezu vollendet serviert wurde, herrschte eine gespannte Atmosphäre. Diese Dame war so fest entschlossen, den Abend erfolgreich hinter sich zu bringen, daß es für alle Beteiligten sehr anstrengende Stunden wurden. Wieviel schöner wäre es gewesen, wenn sie statt dessen einfach ihr Bestes gegeben und sich uns dann gelöst und ungezwungen gewidmet hätte. Manchmal kann ein nicht so hundertprozentig gelungener Abend schöner sein als ein in jeder Hinsicht vollendeter.

Gastfrei sein heißt nicht, Ihr schönes Haus zur Schau oder Ihre Kochkünste unter Beweis zu stellen. Es heißt, anderen Ihre Wärme und Freundschaft und die Ihrer Familie entgegenzubringen. Um gastfrei zu sein, ist es auch gar nicht nötig, ein Essen mit sieben Gängen zu servieren. Gemeinschaft über einer Tasse Kaffee mit Plätzchen kann genauso wirkungsvoll sein, wenn sie aus aufrichtigem, liebevollem Herzen angeboten wird.

Gastfreiheit bedeutet mitunter auch Hilfsbereitschaft – etwa Ihrer kranken Nachbarin einen warmen Auflauf zum Abendessen zu bringen oder eine Witwe zu besuchen, die in ihrer Einsamkeit eine Freundin braucht. Seien Sie bereit zu geben und immer wieder zu geben.

„Gastfrei zu sein vergesset nicht; denn dadurch haben etliche ohne ihr Wissen Engel beherbergt" (Hebräer 13,2).

Die Wurzel allen Übel

„Die Liebe zum Geld ist die Wurzel allen Übels", sagt die Bibel. Eine gute, gläubige Hausfrau wird sich deshalb nicht dahingehend der Liebe zum Geld schuldig machen, daß sie den Blick für das Wesentliche verliert und Dinge vernachlässigt, die wirklich wertvoll sind. Der Wunsch nach einem schöneren Zuhause, einem besseren Auto, reichhaltigerer Garderobe oder moderneren Möbeln kann eine Hausfrau unversehens in die Unzufriedenheit und den Geiz treiben. Geld schafft keine glücklichen Familienverhältnisse, und wenn die Erfüllung dieser Wünsche bedeutet, daß eine Frau berufstätig werden muß, sollte sie ihre Prioritäten und Wertmaßstäbe einer ernsthaften Prüfung unterziehen. Die geistlich orientierte Frau wird vielmehr den Wunsch haben, Gott zu gefallen, als nach materiellen Dingen zu streben. Nur so kann sie sich nach seiner Führung ausstrecken und ihre Prioritäten richtig setzen.

Die Hausfrau und ihr Temperament

Im folgenden habe ich einmal zusammengefaßt, wie die verschiedenen Temperamente in der „Abteilung Haushalt" abschneiden würden. Es wird sicherlich Überschneidungen geben, und vielleicht finden Sie sich in zwei oder drei dieser Kategorien wieder. Keine Frau besteht ja nur aus einem Temperament.

Die Melancholikerin wird sich in der Regel als gute Köchin, geschickte Innenarchitektin oder auch Liebhaberin von Antiquitäten auszeichnen. Sie hat darüber hinaus eine Hand dafür, mit kunstvollem Griff neue Ideen in ihr Heim zu zaubern. Bedingt durch ihr trübsinniges Wesen ist sie nicht übermäßig gastfreundlich.

Die Phlegmatikerin ist eine rundum gute Hausfrau und

im allgemeinen auch treu und zuverlässig. Sie hat alle Fähigkeiten einer erstklassigen Köchin und – dank ihrer großen Geduld – auch einer guten Schneiderin. Wahrscheinlich wird ihr alles etwas langsamer von der Hand gehen, aber in ihrer Gesellschaft fühlt man sich wohl.

Die Cholerikerin. Als Gastgeberin ist Clara ganz groß. Ihr gelingt auch nahezu alles, was sie sich in den Kopf setzt. Dennoch, trotz ihres wohlorganisierten Haushalts, ist sie nicht die geborene Hausfrau. Ihr Heim ist etwas fürs Auge, gewöhnlich aber kein Ort, an dem man sich wohlfühlt.

Die Sanguinikerin ist die Gastfreundlichkeit in Person und wegen ihrer warmherzigen Liebe für andere Menschen auch eine gute Nachbarin. Als Feinschmeckerin ist sie im allgemeinen auch eine gute Köchin. Ihr Heim mag nicht immer das ordentlichste sein, dafür teilt sie aber, was sie hat, mit anderen.

Die Früchte des Heiligen Geistes ermöglichen es einem jeden Temperament, durch die völlige Hingabe an Jesus Christus und die rechte Einstellung etwa bestehende Schwächen bei der Haushaltsführung zu überwinden. Nicht der Geschmack einer Frau bei der Einrichtung ihrer Wohnung oder der Wahl der Farben entscheidet darüber, ob ein Heim behaglich und schön wird, sondern die Frau selbst.

Erst Ehefrau, dann Mutter

Die Rolle der Mutter ist ungemein wichtig, aber sie darf niemals über die der Ehefrau gestellt werden. Schließlich sind die meisten Frauen vierzig bis sechzig Jahre lang Ehefrauen, dagegen nur 18 bis 25 Jahre lang (die Zeit, in der die Kinder zu Hause wohnen) Mütter. Im Gegensatz zu den heidnischen Religionen, die das Hauptgewicht auf die Eltern-Kind und Vater-Mutter Beziehungen legen, betont die Bibel das Verhältnis zwischen Mann und Frau.

Wenn eine junge Mutter ihre Zeit und Kraft vorrangig für ihre Kinder verwendet, wird ihr Ehemann sich bald vernachlässigt fühlen und eifersüchtig werden. Wenn ihr kleines Baby schreit, reagiert die Mutter sofort. Wieviele Ehemänner aber schreien auf ihre Art und werden von ihren Frauen nicht einmal gehört. Auch einer Frau wird gelegentlich danach zumute sein, ihr Verlangen nach Beachtung und Verständnis hinauszuschreien, doch darf sie von ihrem Mann nicht erwarten, daß er sie hört, wenn sie nicht zuvor seinem stummen Hilferuf Gehör geschenkt hat. Gott hat ihr dafür einen Mutterinstinkt gegeben, deshalb hat sie auf diesem Gebiet von Natur aus eine größere Begabung als ihr Mann. Überhört sie die Schreie ihres Mannes, werden Groll und Bitterkeit einen Keil zwischen die Eheleute treiben und eine Atmosphäre der Unsicherheit für die ganze Familie schaffen. Kinder haben ein sicheres Gespür für Glück und Liebe, und sie reagieren darauf. Ein bekannter Redner in Ehe- und Familienfragen sagte einmal: „Das Beste, was Sie Ihrem Kind geben können, ist die Liebe zu seinem Vater."

Sind die Kinder erwachsen, setzt eine Zeitspanne von zwanzig bis dreißig Jahren ein, in der Mann und Frau allein zusammen leben. In der Regel verbringt man die halbe Ehe ohne Kinder. Es sei deshalb den Eheleuten dringend ans Herz gelegt, gute Freunde zu werden. Viele Scheidungen von Ehepaaren um vierzig und darüber erfolgen aus dem einfachen Grund, daß sich die Ehepartner während der ersten gemeinsamen Jahre nicht die Zeit genommen haben, eine bleibende Freundschaft aufzubauen. Der Zeitpunkt, den Grund für dieses dauerhafte Glück zu legen, sind die Jahre, in denen die Kinder noch zu Hause sind. Jede Ehefrau muß zwischen sich und ihrem Mann eine echte Freundschaft entwickeln. Also, ihr Mädchen und Frauen, sorgt dafür, daß sich eure Männer bei euch wohlfühlen, denn ihr werdet noch eine Menge voneinander zu sehen bekommen. Die Frau, die zuerst Ehefrau ist und erst in zweiter Linie Mutter, hat den Grund für ein dauerhaftes Eheglück gelegt.

Soll die Beziehung zu ihrem Mann eine bleibende sein, in der Frieden und Eintracht herrschen, braucht die gläubige Ehefrau und Mutter die persönliche Erfahrung und den täglichen Umgang mit Jesus Christus. Gottes Plan für das Verhältnis zwischen Mann und Frau ist eine Dreiergemeinschaft.

Zwischen dem Ehemann und dem Herrn darf nichts stehen – der Draht der Liebe und Verständigung muß absolut störungsfrei sein. Ebenso muß das Verhältnis der Frau zu Jesus Christus stimmen. Wenn Mann und Frau in der rechten Beziehung zum Herrn stehen, ist die unbedingte Folge eine gute Beziehung zueinander. Sollten in diesem Verhältnis Störungen auftreten, liegt die Ursache mit Sicherheit darin, daß einer von beiden einen gestörten Draht zu Jesus Christus hat.

„So wir aber im Licht wandeln, wie er im Licht ist, so

haben wir Gemeinschaft untereinander, und das Blut Jesu Christi, seines Sohnes, macht uns rein von aller Sünde" (1. Johannes 1,7).

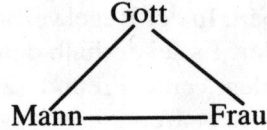

Gott

Mann————Frau

Wenn dieses Dreieck offen und störungsfrei funktioniert, bietet es ein festes Fundament zur Gründung einer christlichen Familie.

Segen oder Unsegen

Unlängst hörte ich einen Pfarrer sagen, daß ein Segen etwas sei, das uns Gott näher bringt. Viele Ehepaare beten um den Segen eines Kindes, wenn dieses Kind sie dann aber Gott nicht näherbringt, wird es zum Unsegen. Wie traurig, daß etwas so Liebenswertes und Unschuldiges wie ein Baby zu einem Keil zwischen seinen Eltern und Gott werden kann. Eltern eignen sich mitunter völlig verkehrte Einstellungen an und setzen falsche Prioritäten. So habe ich erlebt, daß sich junge Eltern, nachdem sich ein Baby eingestellt hatte, von der Gemeinde und ihren Veranstaltungen zurückzogen und geistlich verkümmerten. Wenn sie doch nur erkennen wollten, daß sie nun, da sie eine Familie geworden sind, Gottes Segen und seine göttliche Weisheit dringender brauchen als je zuvor! Gott vertraut uns Eltern das Leben der Kinder an, damit sie körperlich und geistlich wachsen können. Er hat einen Plan für ein jedes von ihnen. Wie dürfen wir es wagen, in diesen Plan einzugreifen und das kleine Kind auf den verkehrten Lebensweg zu schicken? Verborgen in diesem kleinen Wesen liegen die Fähigkeiten eines ausgewachsenen Mannes oder einer Frau, mit denen es ein Werk im Reich Gottes tun kann. Als Gott ein Werk auszuführen hatte, sandte er schließlich auch ein kleines Kind – Jesus!

Anfechtung und Sieg

Kein anderer Lebensbereich ist mit so vielen Prüfungen verbunden wie der der Elternschaft, in keinem anderen liegt aber auch so viel Segen. Eltern zu sein kann uns in die tiefsten Tiefen stürzen und auf die höchsten Höhen versetzen. Wir können lachen und weinen, oder verzagen und verzweifeln.

Während der ersten Lebensjahre besteht die wichtige Rolle der Mutter in der eines Dienstmädchens. Der Lohn für neun Monate Warten auf das frohe Ereignis sind gestörter Schlaf, tägliche Wäscheberge, ständige Fürsorge und ein Verlust an Freiheit, der an den Punkt grenzt, daß sich die Mutter in ihren eigenen vier Wänden wie eine Gefangene vorkommt. Die Freuden stellen sich ein, wenn dieses hilflose kleine Wesen seine Mutter für all ihre Mühe mit einem zaghaften Lächeln seines kleinen Mündchens belohnt. Dies ist erst der Anfang eines endlosen Wechselspiels zwischen Dienst und Lohn, Dienst und Lohn.

Schon von der ersten Stunde an wird die Mutter, ohne sich dessen voll bewußt zu sein, zur Lehrerin. Ihr Fachgebiet ist weit gespannt. Dazu gehört, dem kleinen Liebling das Essen vom Löffel beizubringen, die junge Dame später in die Kunst des Kochens und Backens einzuführen oder dem jungen Mann das Bügeleisen zum Eigengebrauch lieb und wert zu machen.

Jede Mutter braucht in diesen Jahren, da sie Lehrerin und Erzieherin sein muß, eine zusätzliche Portion Geduld. Es wird Zeiten der Enttäuschung geben, Seufzer der Entrüstung oder gar Gedanken wie: „Warum bin ich bloß Mutter geworden?" Keine Mutter kann sich von solchen Empfindungen freisprechen. Hier gilt es jedoch zu verhindern, daß sich solche Gefühle in uns festsetzen, bis wir uns in einen Zustand der Unzufriedenheit und des Selbstmitleids hineinsteigern.

Ein Erlebnis dieser Art hatte meine verheiratete Tochter, Mutter von zwei Kindern, ein und drei Jahre. Gerade hatte sie die Dreijährige gestraft und unter Tränen und lautstarkem Gebrüll ins Schlafzimmer geschickt, als das Telefon klingelte. Sie nahm den Hörer in die Hand und hatte kaum „Hallo" gesagt, als auch noch die Türglocke ging. Verzweifelt bemüht, die Ruhe zu bewahren, versuchte sie über dem Geschrei ihrer Dreijährigen festzustellen, wer am Apparat war. Fast im selben Augenblick erspähte sie in der Toilette am Ende des Flurs ihren Einjährigen, der dort zu ihrem Entsetzen in der Toilettenschüssel herumwühlte. Das war zuviel für ihre Nerven. Sie konnte nicht anders, setzte sich auf den Fußboden und heulte. Nun geht aber deshalb die Welt nicht gleich unter. Wenn Sie in eine ähnliche Lage geraten, warten Sie, bis Sie sich wieder beruhigt haben, und kümmern Sie sich dann der Reihe nach um die dringenden Aufgaben mit dem Gebet auf den Lippen, daß der Herr Ihnen vergeben und helfen möge, die nächsten Augenblicke heil zu überstehen. Dies wäre zum Beispiel auch eine großartige Gelegenheit, laut einen Bibelvers zu zitieren, während Sie zur Tür eilen oder das Baby aus der Toilette holen.

Solche und ähnliche Szenen kommen ganz sicher in jedem Haushalt vor. Unser Sohn und seine Frau haben einen kleinen zweijährigen Jungen. Eines Sonntags betreute Kathy neben ihrem Zweijährigen auch noch die beiden Kinder unserer Tochter. Alle drei waren im Alter zwischen ein und drei Jahren, und damit ist schon für ein volles Pensum gesorgt, selbst wenn alles glatt geht. An diesem speziellen Tag war das Jüngste gerade von seinem Mittagsschlaf erwacht und wollte hochgenommen werden. Während Kathy das weinende Kind im Arm hielt, läutete das Telefon. Es war ihr Zahnarzt mit einigen wichtigen Anweisungen für die Behandlung der Schneidezähne ihres Zweijährigen, die einige Tage zuvor bei einem Sturz abgebrochen waren. Während sie am Fenster stand und telefonierte, sah sie plötzlich, daß ihr Zweijähriger es irgendwie geschafft hatte, das Tor zum Swimmingpool zu öffnen, und nun flugs auf das Wasser zusteuerte, so schnell ihn seine kleinen Beinchen tragen konnten. Wo steckte die Dreijährige? Was hatte der Zahnarzt gerade gesagt? Ihr schwirrte der Kopf, als sie die Dreijährige vor dem Haus entdeckte, wo ein reger Sonntagnachmittagsverkehr herrschte. Die Einzelheiten zu dieser Geschichte muß ich Ihnen vorenthalten, denn ich weiß nicht, in welche Richtung sie zuerst gelaufen ist. Ich freue mich aber, berichten zu können, daß alles ein gutes Ende genommen hat. Wahrscheinlich hatte Kathy noch etliche Zeit danach nervöse Magenbeschwerden oder rasende Kopfschmerzen, aber nachdem sie ihre Fassung wiedergewonnen und einen Augenblick mit dem Herrn verbracht hatte, war sie wieder normal.

Eine kluge Mutter wird nach einem jeden solchen Erlebnis einige stille Augenblicke mit Gott suchen, selbst wenn sie dazu erst später am Abend kommen sollte, nachdem sie ihre Kleinen ins Bett gesteckt hat. Schöpfen Sie aus den Quellen der Kraft, zu denen Ihnen der Heilige Geist Zugang verschafft. Es ist eine Zeit der Wiederherstellung und Stärkung, die Sie brauchen, um sich für die Herausforderungen des nächsten Tages zu wappnen.

Jugend in Not

„Lieber Gott, wie konnte das meinem Kind passieren?" Dies ist der Aufschrei vieler Eltern, wenn sie mit der harten Realität konfrontiert werden, daß ihr Kind in ernste

Schwierigkeiten geraten ist. „Was haben wir verkehrt gemacht?" oder „Wenn wir doch die Uhr noch einmal zurückstellen könnten!"

Kinder brauchen und wollen keine Kumpel. Sie wollen Eltern. Es ist einfacher, ein Freund, ein Kamerad oder gar ein Diktator zu sein, als reife, vernünftige Eltern. Was junge Menschen brauchen, sind Eltern mit Prinzipien und der nötigen Kraft, sie in diesen Jahren der Versuchungen und Nöte durchzusetzen.

Gute Beziehungen sind unerläßlich, will man den jungen Menschen festigen und auffangen, wenn er einmal aus der Bahn geworfen wird. Der Aufbau einer gesunden Beziehung beginnt bereits im frühesten Kindesalter. Akzeptieren Sie das Kind als einen eigenständigen Menschen, als ein kleines Individuum. Wichtig ist, daß Sie und Ihr Mann klare Maßstäbe aufstellen und zugleich ein offenes, ehrliches Verhältnis zu Ihrem Kind pflegen, seine Gefühle akzeptieren und sich demütigen, indem Sie gemeinsam Gottes Führung im Blick auf die Anforderungen jeden neuen Tages suchen. Konsequenz in Ihrem Verhalten und den Forderungen, die Sie an Ihr Kind stellen, ist ein ganz wesentlicher Punkt. Rechte Disziplin wird mit bleibenden Erfolgen sowohl für das Kind als auch seine Eltern belohnt.

Wenn Beziehungen zerbrechen und ein Kind in Schwierigkeiten gerät, setzt bei den Eltern der große Katzenjammer ein. „Hätten wir nur eine Ahnung gehabt, wir hätten ja alles anders gemacht!" Laut Aussage eines Familienberaters an der Westküste der Vereinigten Staaten gibt es bereits in der Kindheit gewisse Signale, auf die man achten muß. Das erste davon ist ein Sich-Lösen von den Werten des Elternhauses und der Gesellschaft. Das Kind ignoriert oder spottet über den christlichen Einfluß im Elternhaus und zieht sich von allem zurück, was mit dem Glauben zu tun hat. Rebellion während der Pubertät ist nichts Ungewöhnliches, eine radikale Ablehnung der bestehenden Wertvorstellungen muß jedoch als deutliche Warnung gelten. Rebellion, wenn man ihr richtig begegnet, wirkt sich nicht destruktiv aus. Sobald jedoch ein Machtkampf daraus wird, wird es einen Gewinner und einen Verlierer geben.

Mütter und Väter müssen sich diesen Problemen als reife Erwachsene stellen. Zu viele Kinder versuchen, Kinder großzuziehen; wenn dann der Knall kommt, zerbrechen solche Eltern an den Problemen und möchten am liebsten vor ihnen davonlaufen. Jugendliche, die in Problemen steckten, haben schon manche Familie zerstört und manches Herz gebrochen.

Vor einiger Zeit veröffentlichte der „U.S. News and World Report" u.a. folgende Statistik:

Vor Vollendung seines 18. Lebensjahres landet jeder neunte Jugendliche vor dem Jugendrichter.

Rund zehn Prozent aller Kinder im schulpflichtigen Alter sind in irgendeiner Form geistig oder seelisch gestört. Drogen und Alkohol bedrohen die Gesundheit Jugendlicher immer mehr.

Eines von zehn amerikanischen Mädchen – ob verheiratet oder nicht – wird bis zum siebzehnten Lebensjahr Mutter, und dies trotz der zahlreichen Verhütungsmittel, die heute auf auf dem Markt sind.

Über eine Million junger Amerikaner (überwiegend aus der Mittelschicht) laufen jährlich von zu Hause fort.

Eine Regionalzeitung veröffentlichte folgende Angaben über Drogen- und Alkoholkonsum, gestützt auf eine Umfrage unter Oberschülern und Studenten im ganzen Land:

48% aller Oberschüler haben bereits mindestens ein- bis zweimal mit Drogen experimentiert.

64% aller Studenten haben bereits mindestens ein- bis zweimal mit Drogen experimentiert.

26% aller Oberschüler betrachten sich als regelmäßige Drogenkonsumenten.

41% aller Collegestudenten betrachten sich als regelmäßige Drogenkonsumenten.

66% der Mißbraucher und 37% der Konsumenten sind bereits von zu Hause weggelaufen.

36% der Mißbraucher und 16% der Konsumenten haben schon einmal in dem einen oder anderen Schulfach versagt.

Die Umfrage schloß mit der Meldung, daß 35% aller Schüler und Studenten keine Drogen anrühren, weil sie „moralische Nichtkonsumenten" sind. Sie identifizieren sich mit den „traditionellen Wertvorstellungen und Lebensweisen" und betrachten Drogenmißbrauch als eine Verletzung dieser Normen.

Es spricht eine Menge dafür, Kindern die richtigen Werte und Normen beizubringen. Eines Tages könnte sich dies bezahlt machen, dann nämlich, wenn sich der Jugendliche den Versuchungen auf diesem Sektor ausgesetzt sieht. Statistiken wie die obige verlieren allerdings ihren Wert, wenn sie Eltern nicht zur Mahnung dienen, ihre Kinder konsequent zu den richtigen Lebensnormen zu erziehen. Wenn ein Elternteil dazu neigt, die Zügel in der Erziehung schleifen zu lassen, könnte ein Blick auf Statistiken dieser Art helfen, ihm neu die Sporen zu geben. Hier haben wir einen Bereich des Elternseins, dessen Bewältigung ohne die Hilfe des Heiligen Geistes aussichtslos erscheint. Eltern brauchen eine Extraportion an Langmut, Güte und Selbstbeherrschung.

An einem Samstagmorgen wurde ich durch das Läuten des Telefons aus dem Schlaf geschreckt. Am Apparat war eine Mutter, die mich vom anderen Ende der Vereinigten Staaten aus anrief. Es war noch sehr früh am Morgen, aber wenn jemand Probleme hat, achtet er gewöhnlich nicht allzu sehr auf die Zeit. Verzweifelt erzählte sie mir von den großen Schwierigkeiten, in die ihr dreizehnjähriger Sohn geraten war, und schilderte unter Tränen seine Aufsässigkeit. Die ersten Anzeichen waren schon vor einigen Jahren aufgetreten, als er anfing, sich den Wertvorstellungen der Familie zu widersetzen. Die Eltern gingen regelmäßig zur Kirche, wiegten sich aber in dem falschen Glauben, daß sie ihren Sohn nicht zwingen sollten mitzugehen. Und das war der Anfang seiner Talfahrt gewesen. Eines hatte zum anderen geführt, bis sie mir jetzt weinend am Telefon ihr Herz ausschüttete. „Wieviel Kummer wäre uns erspart geblieben, wenn wir von Anfang an fest geblieben wären und ihn gezwungen hätten, mit uns zur Kirche zu gehen!" Ich betete mit der Dame am Telefon, obwohl es wenig tröstliche Worte gab, die ich ihr sagen konnte – es schien wirklich ziemlich hoffnungslos zu sein. Dennoch bat ich den himmlischen Vater, das Herz dieser gebrochenen Mutter zu trösten und ihr Weisheit und Klarheit über ihren nächsten Schritt zu schenken. Nur Gott konnte aus dieser traurigen Situation noch etwas Gutes machen. Der Zeitpunkt zum Handeln ist, ehe Sie in die Lage kommen, in der sich diese Mutter befand.

„Züchtige dein Kind, solange noch Hoffnung auf Besserung ist, aber laß dir's nicht ins Herz kommen, es völlig aufzugeben" (Sprüche 19,18).

Dr. Henry Brandt, ein gläubiger Psychologe, erzählt die Geschichte seiner Tochter. Eines Abends hatte sie sich in den Kopf gesetzt, nicht mehr zur Kirche zu gehen. Er gab ihr zu verstehen, daß sie sehr wohl mitzugehen habe, mußte ihr jedoch die Schuhe anziehen und sie eigenhändig ins Auto setzen. Doch sie ging mit. Und wenn sie auch nicht gerade glücklich darüber war, wurde das Problem doch im Keim erstickt, noch ehe es Blüten treiben konnte. Heute besitzen die Brandts eine reizende gläubige Tochter, an der sie ihre helle Freude haben. Denken Sie an Gottes Verheißung:

„Erziehe dein Kind in rechter Weise für seinen Lebensweg, dann wird es von ihm nicht lassen, wenn es alt wird" (Sprüche 22,6).

Mutter (und Vater), was Sie bei der Erziehung Ihrer Kinder mit am nötigsten brauchen, ist Weisheit. Gott hat den Gerechten und Aufrichtigen Weisheit und Erkenntnis verheißen. Beten Sie um die rechte Weisheit für die Notsituationen eines jeden Tages.

„Er läßt's den Aufrichtigen gelingen und beschirmt die Frommen und behütet die, so recht tun, und bewahrt den Weg seiner Heiligen" (Sprüche 2,7-8).

Errettet und geliebt

„Der Herr ist mein Fels und meine Burg und mein Erretter" (2. Samuel 22,2).

„Er riß mich heraus, denn er hatte Lust zu mir" (2. Samuel 22,20b).

„Gottes Wege sind vollkommen; des Herrn Reden sind durchläutert. Er ist ein Schild allen, die ihm vertrauen" (2. Samuel 22,31).

„Gott stärkt mich mit Kraft und weist mir einen Weg ohne Tadel" (2. Samuel 22,33).

Wenn ich Rückschau halte auf die vergangenen 27 Jahre als Mutter, darf ich sagen, daß es viele Gelegenheiten gegeben hat, in denen der Herr meine Kinder bewahrt und errettet hat.

Da war der Tag, an dem ein fahrendes Auto unseren damals fünfjährigen Sohn am Kopf erfaßte und mit beiden Reifen über seine Beine fuhr. Auch nach der 55. Röntgenaufnahme konnten es die Ärzte noch immer nicht fassen, daß er keine Knochenbrüche, lediglich eine leichte Gehirnerschütterung davongetragen haben sollte. Der Herr hatte ihn bewahrt.

Ein anderes Mal wurde unsere vierjährige Tochter im Krankenhaus nur noch mit Hilfe eines Sauerstoffzeltes am Leben erhalten. Die Ärzte hatten, wie sie uns versicherten, alles in ihrer Macht Stehende getan. Zusammen mit zwei Presbytern unserer Gemeinde versammelten wir uns um ihr Bett, um zu beten und sie dem Herrn anzubefehlen. Der Herr heilte sie!

Im Alter von drei Jahren stellten sich bei unserer Tochter infolge einer schweren Masernerkrankung Komplikationen ein. Über mehrere Stunden schwankte ihre Fieberkurve zwischen 41 und 42° C, und man prophezeite uns, daß dies bleibende Gehirnschäden verursachen könnte. Aber auch dieses Mal griff Gott ein, und heute stehen sie und ihr Mann in der Reichsgottesarbeit. Der Herr hatte sie geheilt!

Als unser Sohn zum Wehrdienst eingezogen wurde, bestimmte man ihn aufgrund seiner hervorragenden Schießkunst zur Teilnahme an einem Sonderlehrgang für Scharfschützen. Sein Vater bat Gott inständig, doch nicht zuzulassen, daß dieser großartige junge Mann als Krüppel heimkam. Durch wunderbare Umstände wurde er aus dem Scharfschützenlehrgang herausgezogen und nach Hawaii versetzt, wo er auf einer Schreibstube einen geregelten Acht-Stunden-Tag absaß. Gott hatte ihn bewahrt!

Dieser gleiche Sohn ging in dieser Zeit des „Flüggewerdens" durch mancherlei Zweifel und Anfechtungen, die ihn bis an den Punkt brachten, daß er sein Verhältnis zu Jesus Christus in Frage stellte. In der Armee wurde er mit neuen Versuchungen und einer ihm völlig fremden Lebensweise konfrontiert. Dank der treuen Gebete seiner Eltern und einer gläubigen Freundin überstand er diese Zeit, ohne Schaden zu nehmen. Der Herr hatte ihm geholfen!

Heute führen unser Sohn und seine Frau ein feines christliches Familienleben und sind ihren Nachbarn und Freunden ein klares Zeugnis für Jesus Christus. Wenn Ihre Kinder in das Alter kommen, in dem sie sich Jesus Christus etwas gründlicher anschauen wollen – prüfend und zweifelnd vielleicht – überlassen Sie sie getrost dem Herrn. Vertrauen Sie auf Gott, daß er ihre Gedanken in die richtigen Bahnen und ihre Füße auf den Pfad lenken wolle, auf dem Sie sie als Kind geführt haben (ein weiterer Grund für die Notwendigkeit einer konsequenten Erziehung während der ersten Lebensjahre). Der Herr hat verheißen, unser Erretter zu sein, weil er uns liebhat.

Diese Kinder sind uns für die Dauer von rund achtzehn bis 21 Jahren anvertraut. Wenn wir nach Gottes Plan leben und Kraft und Weisheit aus ihm schöpfen, kann unsere Aufgabe als Eltern zu einer der lohnendsten Erfahrungen im Leben werden. Ich besitze einen kleinen Ordner, in dem ich die schönsten Briefe aufbewahre, die mir meine Kinder im Laufe der Jahre geschrieben haben. Da ist ein Brief von meinem Zwölfjährigen, den er mir aus dem Jugendlager schrieb: „Wollte dich nur wissen lassen, Mutter, wie lieb ich dich habe." Ein anderes kostbares Andenken ist ein Brieflein eines meiner Kinder aus einer Jugendfreizeit. „Heute abend, Mutti, habe ich mein Leben neu dem Herrn Jesus übergeben. Danke fürs Beten!"

Dies sind nur einige meiner Kleinode, die mir sehr kostbar sind und von denen ich mich niemals trennen werde. Sie gehören zu den Freuden im Leben einer Mutter.

Wenn die Kinder heiraten

Die Kunst, eine gute Schwiegermutter zu sein

Wenn eine Frau unter der Herrschaft des Heiligen Geistes steht, wird man ihr dies auch als Schwiegermutter abspüren. Kaum ein anderer Stand zeigt den wahren Charakter einer Frau so deutlich, wie der der Schwiegermutter. Ist sie von Natur aus egoistisch und eifersüchtig, wird sie auch als Schwiegermutter so sein. Ist sie dagegen eine liebevolle, freundliche, gütige Frau, wird es ihr auch nicht schwerfallen, ihre Rolle als Schwiegermutter in diesem Geist zu erfüllen.

Laut Aussage eines bekannten Eheberaters rühren die meisten Schwiegermutterprobleme aus dem Konflikt zweier Frauen, die beide denselben Mann lieben und um sein Wohl besorgt sind. Einer der wesentlichsten Faktoren, die die Fähigkeit der Schwiegermutter bestimmen, die neue Frau ihres Sohnes anzunehmen, ist das Verhältnis zu ihrem eigenen Mann. Unterhält sie eine gesunde Liebesbeziehung zu ihrem Mann, wird es ihr ein Leichtes sein, die Frau ihres Sohnes wie eine Tochter in die Familie aufzunehmen. Ist die Liebesbeziehung zu ihrem Mann hingegen unbefriedigend, hat sich daraus, wie so oft, ein übertriebenes Liebesverhältnis zu ihrem Sohn entwickelt. Dann sind Schwierigkeiten bei der Annahme seiner Braut schon so gut wie vorprogrammiert. In Fällen, in denen die Schwiegermutter lange Jahre ohne Mann gelebt hat, kann es durchaus sein, daß ihr der Sohn zu einer Art

Partnerersatz geworden ist, auf den sie sich gestützt und bei dem sie Trost und Rat gesucht hat. Unter solchen Umtänden dürfte es ihr schwerfallen, in den Hintergrund geschoben zu werden und der neuen Frau ihren „Partner" abzutreten.

Eine Mutter, die ihren Sohn mit ihrer Liebe nahezu erdrückt, wird sich dieses Problems erst dann richtig bewußt, wenn sie feststellt, daß sie mit einer anderen Frau um die Liebe ihres Sohnes konkurriert. Wenn immer sich ein solcher Konkurrenzkampf abzeichnet, sollte die Schwiegermutter ganz realistisch der Tatsache ins Auge sehen, daß sie zu 100% im Unrecht ist, denn die Bibel sagt deutlich:

„Darum wird der Mensch Vater und Mutter verlassen und wird seinem Weibe anhangen" (Markus 10,7).

Viele Mütter erkennen nicht, daß ihre Rolle im Leben ihres Sohnes, wenn er und ihre Schwiegertochter die Kirche als Mann und Frau verlassen, nie mehr so sein wird wie bisher. Vor diesem Augenblick hatte sie wahrscheinlich die entscheidendste Rolle in seinem Leben gespielt. Das Beste, das sie jetzt tun kann, ist, ihn seiner Braut und beide der Führung Gottes anzubefehlen und tunlichst jeden noch vorhandenen Einfluß auf ihn abzubauen suchen. Ja, sie täte gut daran, ihre reifen Gaben dahingehend einzusetzen, die junge Frau in jeder Weise zu unterstützen und ihrem Sohn lieb zu machen.

In Johannes dem Täufer haben wir ein wunderbares Vorbild für die Haltung der uneigennützigen Schwiegermutter. Als er Christus begegnete, sagte er: „Er muß wachsen, ich aber muß abnehmen." Bruns übersetzt es so: „Jener Eine muß immer größer, ich aber kleiner werden." Wenn Mann und Frau nach Epheser 5 als Symbol für Christus und die Kirche dienen, ergibt sich die logische Folge, daß die Schwiegermutter dem „Freund des Bräutigams" entspricht. Die Einstellung einer Mutter gegenüber der neuen Frau im Leben ihres Sohnes sollte also nach den Worten Johannes' die folgende sein: „Sie muß immer größer werden (in den Augen des Sohnes) und ich (seine Mutter) immer kleiner."

Zugegebenermaßen wird dies für eine Mutter zuerst sehr schwer sein, aber es macht sich um so reicher bezahlt in der Liebesbeziehung, die sie zwischen sich und diesen beiden jungen Leuten aufbaut. Mit einer solchen Investition sichert sie sich auf die Dauer ein gutes Verhältnis zu ihrem Sohn und gewinnt die Liebe einer Tochter.

Die Partnerwahl ihres Kindes zu akzeptieren ist sehr wichtig für eine Mutter, selbst dann, wenn sie die Heirat möglicherweise nicht gutheißt. Sie muß bereit sein, zu vergeben und zu vergessen und dann beide zu lieben und anzunehmen.

„Seid aber untereinander freundlich, herzlich und vergebet einer dem anderen, gleichwie Gott euch vergeben hat in Christo" (Epheser 4,32).

Die Schwiegermutter kann ihren Beitrag zum Glück und Wohlergehen des jungen Paares dadurch leisten, daß sie ihnen Verständnis entgegenbringt und sich nicht aufdrängt. Zu den großen Problemen in diesem Bereich gehört die Frage, wie und wo Urlaubs- und Feiertage verbracht werden sollen. Die Mutter wird unnötigen Kummer und Unfrieden in diesem neuen Heim stiften, wenn sie die Feiertage nach ihren eigenen Wünschen, ohne oder mit nur geringer Rücksicht auf Sohn und Tochter, plant. Sie riskiert dadurch die Zerstörung einer guten Beziehung zu beiden. Wieviel besser wäre es, die gemeinsamen Stunden so angenehm und schön zu gestalten, daß in dem Paar der Wunsch erwacht, sie in die Planung von Urlaubs- und Feiertagen mit einzubeziehen. Sicher ist es das Zusammensein an einem bestimmten Feiertag nicht wert, das gute Verhältnis zu zwei jungen Leuten für immer zu zerstören. Es wird zweifellos Umstände geben, die es erforderlich machen, daß Eltern an gewissen Feiertagen aus den Plänen des Paares ausgelassen werden, doch sollten es die Eltern wiederum den jungen Leuten nicht unnötig schwer machen, sondern sich über jede Möglichkeit des Zusammenseins freuen.

Fangen Sie beizeiten an, Schwiegermutterproblemen vorzubeugen

Die Grundlage dazu sollte schon lange vor der Hochzeit geschaffen werden. So können zum Beispiel beide Familien schon vor der Verlobung zusammengeführt werden. Beide Familien in die Hochzeitspläne mit einzubeziehen wird ebenfalls helfen, ein festes Fundament zu legen, auf dem das junge Paar seine Ehe beginnen kann. Eltern können eine Menge tun, um durch Verständnis und Rücksichtnahme den beiden jungen Leuten die Zeit der Anpassung zu erleichtern.

Sechs Regeln für glückliche Schwiegermütter

1. Seien Sie aufrichtig und natürlich. Sie haben nicht den geringsten Grund, eine Maske aufzusetzen oder etwas vorzuheucheln. Ihr Kind wird Sie garantiert durchschauen und sich wundern, was in Mutter gefahren ist! Wenn „natürlich sein" nicht gut genug ist, dann müssen Sie eben an sich arbeiten, wenn Sie allein sind.
 Die Bibel heißt uns, in Liebe die Wahrheit zu sagen (Epheser 4,15). Wenn bei Ihnen immer die Wahrheit gesagt wird, brauchen Sie sich auch keine Gedanken darüber zu machen, was Sie früher einmal gesagt haben könnten. Es wird Wahrheit in Liebe gewesen sein. Ja, auch während der Entstehung dieses Buches hat es Zeiten gegeben, in denen ich mich gezwungen sah, in Liebe die Wahrheit zu sagen und meinen verheirateten Kindern klarzumachen, daß sie sich für ihre Kleinen vorübergehend einen anderen Babysitter suchen müßten. Das hat

110

aber nicht zu Verstimmungen geführt; sie wußten die Wahrheit zu schätzen.

2. Respektieren Sie die Rechte des jungen Paares und drängen Sie sich nicht auf. Vergessen Sie nicht: Die beiden sind jetzt eine eigenständige Familie. Der Mann ist der Herr seines Hauses; es ist sein Haus. Die beiden haben ein Recht auf ihr Privatleben, egal ob in ihrem eigenen Haus oder in dem Ihrigen. Vor allem Jungverheirateten muß eine Zeit zugestanden werden, in der sie sich anpassen und an das Leben zu zweit gewöhnen können.

Sicherlich meinen Sie es lieb und gut, wenn Sie ihnen Ihre Hilfe anbieten, aber die meisten jungen Paare möchten lieber auf eigenen Füßen stehen. Nehmen Sie Rücksicht auf ihre Wünsche und drängen Sie sich nicht auf.

3. Seien Sie stets darauf bedacht, beide Partner gleich zu behandeln – die Ehe verbindet Mann und Frau, sie werden eins, und so sollten Sie sie auch behandeln. Briefe, Geschenke, Andenken etc. sind gleichmäßig zu verteilen. Eine junge Frau erzählte mir, ihre Schwiegermutter würde ihre Briefe immer nur an ihren Sohn adressieren. Eine solche Mutter geht das Risiko ein, daß sich ihr eigenes Kind von ihr abwendet, wenn sie den anderen Partner nicht gleichwertig behandelt und akzeptiert. Meine Tochter hat das große Glück, eine Schwiegermutter zu haben, der es als begabte Schneiderin Freude macht, für sie zu nähen. Meine Tochter trägt diese Kleider mit Stolz, denn sie sagen ihr, daß sie gleichermaßen geliebt und angenommen ist.

4. Hüten Sie sich davor, sich gegenüber einem Partner kritisch über den anderen zu äußern – schon Ihr gesunder Menschenverstand müßte Ihnen dies verbieten. Eine der wirksamsten Methoden, Kritik zu unterbinden, ist, sie zurückzuweisen. Erlauben Sie niemals Ihrem Sohn oder Ihrer Tochter, in Ihrer Gegenwart ihren Partner zu kritisieren. Auch sollten Sie niemals mit einem Partner abfällig über den anderen sprechen. Einmal hörte ich, wie eine

Schwiegermutter gegenüber ihrem Sohn die Schwiegertochter eines ungünstigen Kaufs wegen kritisierte. Sie pflanzte damit nicht nur ein Körnchen Unzufriedenheit in das Herz ihres Sohnes, sondern trieb gleichzeitig auch einen Keil zwischen sich und ihren Sohn.

5. Hüten Sie sich davor, sich in die Angelegenheiten des jungen Paares zu mischen oder ungebeten einen Rat zu erteilen. Sie sind vielleicht nicht damit einverstanden, wofür die beiden ihr Geld ausgeben oder womit sie ihre Zeit verbringen, aber behalten Sie Ihre Meinung für sich. Wenn Sie glauben, Anlaß zur Sorge zu haben, sprechen Sie mit Ihrem himmlischen Vater über die Sache und lassen Sie sie bei ihm! Auf gar keinen Fall dürfen Sie in die Erziehung Ihrer Enkel hineinreden. Sie haben Ihre Chance gehabt, nun geben sie diesem Paar die Chance, ihre Lebensgrundsätze ihren Sprößlingen einzupflanzen. Wenn Sie Ihre Sache gut gemacht haben, können Sie sich getrost zurücklehnen und zusehen, wie die jungen Leute in die Tat umsetzen, was Sie ihnen gelehrt haben. Rat sollten Sie nur erteilen, wenn man Sie ausdrücklich darum bittet, und auch dann nur mit äußerster Vorsicht.

6. Sorgen Sie dafür, daß Ihre Gesinnung unter der Zucht des Heiligen Geistes steht. Ihre Einstellung gegenüber Ihren Kindern sollte sein, sie als eins anzunehmen, im Geist zu lieben und der Führung des Herrn anzubefehlen. Dann werden Sie eine gütige, gottgefällige Schwiegermutter sein.

Großmutterglück

Die Großmutter, die sich in ihrem Denken und Tun vom Heiligen Geist leiten läßt, wird eine sanfte, liebevolle und gütige Frau sein, die ihre Rolle als Großmutter freudig bejaht. Das traditionelle Bild der Großmutter ist das einer weisen Frau, die niemals Böses tut. Aus irgendeinem

Grund betrachten kleine Kinder ihr Großeltern als ganz besondere Geschöpfe, die über alles Bescheid wissen. So erzählte mir beispielsweise eine Mutter, daß ihr Kind, immer wenn sie sich keinen Rat mehr wußte, zu sagen pflegte: „Frag doch die Oma, die weiß es bestimmt." Großmütter stellen wir uns gern als geheiligte Frauen vor mit einem direkten Draht zum Himmel. Heute, da ich selbst Großmutter bin, weiß ich, daß dies mitnichten der Fall ist. Mit der Geburt meines ersten Enkelkindes bin ich nicht über Nacht zu einer superklugen Frau geworden, ausgestattet mit übernatürlichen geistlichen Fähigkeiten. Was ich heute bin, ist das Ergebnis einer lebenslangen Entwicklung, das Produkt dessen, der mein Leben regiert.

Daß eine Großmutter auf die ersten Lebensjahre eines Kindes einen bedeutenden Einfluß ausüben kann, ist unbestritten. Schon so manches Kind hat zu Großmutters Füßen zum Herrn Jesus gefunden. Weil sie gewöhnlich nicht in die Aufgaben der Betreuung, Erziehung und Unterhaltssicherung des Kindes eingespannt ist, hat sie Zeit, sich mit ihm zu unterhalten, ihm vorzulesen und mit ihm zu spielen. Ihr Einfluß kann sich auf geistliche Dinge erstrecken oder einfach nur Spaß machen. Der gefestigten und reifen Großmutter wird es keine Schwierigkeiten bereiten, die Enkelkinder, die ihrer Obhut anvertraut sind, richtig zu erziehen und nicht zu verziehen, indem sie alle ihre Unarten durchgehen läßt. In einer Beziehung meine ich, heute – als Großmutter – gegenüber meiner Zeit als Mutter klüger geworden zu sein. Ich glaube, früher war ich oftmals zu streng; heute reagiere ich in gewissen Bereichen weit gelassener. Natürlich gibt es Dinge, für die ein „Nein" absolut außer Frage steht, schon um das Wohl des Kindes und seiner Umgebung willen. Dagegen gibt es andere Dinge, über die ich einmal sehr strenge Ansichten besaß, die ich aber heute durchgehen lassen würde. Ein Kind braucht ein gewisses Maß an Freiheit, vorausgesetzt, es nimmt keinen Schaden und die Rechte anderer werden dadurch nicht beeinträchtigt. Wichtig ist vor allem, daß Sie sich an die Regeln und Richtlinien halten, die Ihr Sohn oder Tochter für ihre Kinder aufgestellt haben. Wenn es heißt, keine Süßigkeiten vor dem Essen, dann darf es vor dem Essen auch keine Süßigkeiten geben. Das Kind muß wissen, daß Großmutter und Eltern in allen Dingen absolut übereinstimmen. Wenn Mutter oder Vater das Kind strafen, braucht Großmutter nicht auch noch ihren „Senf" dazuzugeben; am besten zieht sie sich zurück.

An der Art, wie Söhne oder Töchter ihre eigenen Kinder großziehen, wird man ermessen können, wie erfolgreich ihre Eltern sie erzogen und in ihre Herzen die Grundregeln des Lebens eingepflanzt haben. Jungen Eltern sollte dies eine Herausforderung sein, ihre Kinder ordentlich zu erziehen, solange sie die Möglichkeit dazu haben. Eines Tages werden sie erleben, daß ihre Kinder ihre Enkel erziehen, entweder nach den gleichen oder ganz anderen Wertmaßstäben und Grundsätzen.

Eine glückliche Großmutter wird viel Grund haben, ihrem Herrn zu danken! Ihre Einstellung zum Leben und zu ihren Kindern wird von Christus bestimmt sein. Vielleicht hat sie einmal das Vorrecht, die Kinder ihrer Kinder und die Kinder ihrer Enkel zu erleben. Dann wird ihr Glück vollkommen sein, sie alle in der Familie Gottes zu sehen und zu wissen, daß einmal alles mit der Liebe, die sie und ihr Mann einander schenkten, begonnen hat. Ihre Kinder werden aufstehen und sie seligpreisen.

„Ihre Söhne stehen auf und preisen sie selig; ihr Mann lobt sie" (Sprüche 31,28).

114

Durch Leid zur Freude

Es war ein dunkler Tag für mich, an dem der Arzt meine zunehmenden Schmerzen und Beschwerden als rheumatische Arthritis diagnostizierte. Zunächst konnte ich mir unter diesem Begriff nichts Genaues vorstellen, doch dann fuhr er fort und erklärte, daß dies eine Krankheit sei, die mich zum Krüppel machen würde. Erst auf der Autobahn, unterwegs nach Hause, kam mir die volle Bedeutung seiner Worte wie ein Schock zum Bewußtsein. Heiße Tränen rannen mir die Wangen hinunter, und ich fragte mich, was mir die Zukunft wohl bringen würde. Ich unterzog mich gerade einer zehntägigen ärztlichen Untersuchungsreihe an einer berühmten Forschungsklinik. Am darauffolgenden Tag hatte ich einen Termin bei einer Heilgymnastin. Eine Welt schien mir einzustürzen, als ich sie sagen hörte: „Dies sind die Übungen, die sie täglich machen müssen, um den Bewegungsverlust aufzuhalten, der sich zweifellos einstellen wird." Einen Teil meiner Gelenkigkeit hatte ich bereits eingebüßt, deshalb zweifelte ich nicht an der Wahrheit ihrer Worte.

Mühsam schleppte ich mich durch die nächsten Tage und Wochen. Ich fühlte mich nicht wohl; die Schmerzen und Beschwerden ließen alles noch schlimmer erscheinen. Ich begann Gott zu fragen: „Warum ich? Gerade hast du mir neue Vortragsdienste gezeigt, und nun das!" Von meinem Temperament her neige ich zum Pessimismus. Da mich das Krankenhaus mit Spezialschuhen sowie Handprothesen ausgestattet hatte, wußte ich, daß mich am Ende das gleiche Schicksal erwarten würde wie die anderen Patienten – der Rollstuhl. Ich weinte viel in jenen Tagen und verfiel zeitweise in Depressionen. Gott sei gelobt für einen Ehemann, der optimistisch ist und einen starken Glauben hat! Nach einem besonders niederschmetternden Erlebnis erklärte er sehr bestimmt, daß ich mich niemals wieder im Geist im Rollstuhl sehen dürfe. Statt dessen sollte ich mich auf den Tag freuen, an dem ich wieder ganz gesund sein würde. „Wir haben Gott gebeten, daß er dich gesund machen möge", sagte er, „nun wollen wir auch damit rechnen, daß er es tut. Von nun an betrachte dich als geheilt!" Ob mein Mann wirklich daran glaubte oder nicht, weiß ich bis heute nicht, aber seine Worte klangen so überzeugend, daß ich sie akzeptierte und mein Vertrauen erneut auf Gott setzte. Danach schien auch alles wieder aufwärts zu gehen, und meine Stimmung hob sich.

Ich setzte meinen Dienst fort und gab dem Herrn mein Versprechen, daß ich trotz meiner Schmerzen alle Vortragseinladungen annehmen und die nötige geistliche und körperliche Kraft dazu von ihm erwarten wolle. Nicht selten stieg ich in San Diego ins Flugzeug, obwohl ich viel lieber ins Bett gestiegen wäre. Aber Gott ist treu, und so durfte ich jedes Mal erfahren, daß am Ziel meiner Reise die Schmerzen soweit nachließen, daß ich sprechen konnte. Ja, je heftiger meine physischen Beschwerden, um so mehr Freiheit und Vollmacht schien ich zu besitzen.

Das Leben nahm einen erträglichen Verlauf, und mit Hilfe der achtzehn Aspirintabletten pro Tag, die mir mein Arzt verordnet hatte, ließen sich die Schmerzen und das Anschwellen meiner Gelenke aushalten. Einen Teil meiner Gelenkigkeit hatte ich zwar eingebüßt, aber auch daran schien ich mich gewöhnen zu können, auch wenn mir das Aspirin ein Ohrensausen verursachte, das mich bald an den Rand des Wahnsinns trieb. Der nächste Schlag kam, als ich eine reizende Dame kennenlernte, die mir erzählte, wie sie in einem weit schlechteren Zustand gewesen sei als ich und Gott sie dennoch von einem Tag auf den anderen geheilt habe. Wieder fragte ich: „Herr, warum nicht mich? Habe ich meinen Vortragsdienst an den Frauen nicht treu versehen? Gibt es noch etwas, das ich tun sollte? Ist irgendwo eine verborgene Sünde, die ich dir noch nicht bekannt habe?" Ich betete, ich rang, ich flehte. Ich rechnete fest damit, daß Gott mich heilen würde. Dennoch beschloß er in seiner wunderbaren Weisheit, es nicht zu tun. Die Schmerzen nahmen an Heftigkeit zu. Wir unternahmen sogar eine Europareise, aber meine Füße schmerzten so sehr, daß ich mich ganz elend fühlte. Mit der Zeit wurde ich verbittert und schien eine Abneigung gegen alle Leute zu entwickeln, die mir über eine Krankenheilung berichteten. Ehrlich gesagt, meine Haltung war nicht gerade dazu angetan, meinen Beliebtheitsgrad zu steigern. Ich bekannte dies als Sünde, und Gott nahm alle Spuren der Bitterkeit von mir, lange ehe er mich heilte.

Heute kann ich Gott nur danken, daß er so und nicht anders mit mir verfuhr. Ich habe erleben dürfen, was es heißt, sich im Blick auf alle Bedürfnisse an Gottes Gnade genügen zu lassen. Gott hat mir völligen Frieden gegeben.

„Du erhältst stets Frieden nach gewisser Zusage; denn man verläßt sich auf dich" (Jesaja 26,3).

Seitdem ich Frieden mit Gott gemacht habe, hat er auch alle meine Schmerzen und Beschwerden von mir genommen. Manche werden vielleicht sagen, daß Gott mir die Krankheit erlassen habe. Ich glaube aber eher, Gott hat mich auf seine Weise geheilt – nicht in einem Augenblick, wie es manche erlebt und bezeugt haben, sondern über einen längeren Zeitraum hinweg – um mir einige sehr einschneidende Lektionen zu erteilen. Heute, da ich dieses Manuskript schreibe, ist mein Herz mit Freude und Dankbarkeit erfüllt. Noch vor zwei Jahren wäre ich nicht in der Lage gewesen, mit meiner Hand einen Stift auch nur so lange zu halten, um meinen Namen zu schreiben. Doch mehr noch danke ich Gott für die wunderbaren Lektionen, die er mich gelehrt hat.

Weit wichtiger als die Wiederherstellung meiner Bewegungsfähigkeit war mir, diesen bleibenden Frieden zu erfahren, die Güte des Herrn kosten zu dürfen und zu erleben, wie in Zeiten großer Not die Sehnsucht meiner Seele durch seine liebevolle Gegenwart gestillt wurde. In diesem allen habe ich gelernt, daß Gott nicht mit jedem gleich verfährt, daß er aber allen seine Güte und Barmherzigkeit schenkt, die ewig währen. Mir gab er Freude die Fülle und schenkte mir voll ein.

„Du tust mir kund den Weg zum Leben; vor dir ist Freude die Fülle und liebliches Wesen zu deiner Rechten ewiglich" (Psalm 16,11).

Vor einigen Jahren durften mein Mann und ich eine liebe gläubige Frau kennenlernen, die sehr schwer krebskrank war. Sie war die strahlendste Christin, die wir jemals erlebt haben, eine Heilige, wie sie im Buche steht. Gott hat ihren Körper nicht gesund gemacht, aber sie war so erfüllt mit dem Heiligen Geist, daß uns das wahre Ausmaß ihres Leidens und ihrer Schmerzen niemals bewußt wurde. Gelähmt und ans Bett gefesselt, wurde sie dennoch jedem zum Segen, der sie besuchte. Wir wissen von drei Menschen, die an ihrem Bett zu Christus fanden, und der Herr allein kennt die große Zahl derer, deren Leben durch ihr Jesus-ähnliches Wesen verändert worden ist.

„Und er hat zu mir gesagt: Laß dir an meiner Gnade genügen; denn meine Kraft ist in den Schwachen mächtig. Darum will ich mich am allerliebsten rühmen meiner Schwachheit, auf daß die Kraft Christi bei mir wohne" (2. Korinther 12,9).

Die verschiedenen Temperamente und die Liebe

Was menschlich gesehen den stärksten Einfluß auf das Verhalten eines Menschen ausübt, ist sein Temperament. Wenn auch Herkunft, Erziehung, Bildung, Umwelt und eine Reihe anderer Faktoren uns prägen, ist doch nichts von größerer Bedeutung als die Charaktereigenschaften, die wir bei der Geburt mit auf den Weg bekommen haben, denn sie bestimmen letztlich unser Handeln, unsere Reaktionen und Motivationen. Erziehung kann wohl eine schüchterne Frau kontaktfähiger, sie aber niemals zu einem natürlichen extrovertierten Menschen machen. Bildung kann einen dynamischen, aggressiven Typ zügeln, doch kann sie ihn niemals in eine kleine Maus verwandeln. Menschen werden entweder extrovertiert oder introvertiert geboren, denn diese Eigenschaften sind Auswüchse ihres Temperaments.

Weil das Temperament einen so gewaltigen Einfluß auf das Verhalten eines Menschen ausübt, ist es nur logisch, daß es sich auch auf einen anderen, überaus mächtigen menschlichen Instinkt sehr stark auswirken wird, den Geschlechtstrieb. Tatsächlich ist das intime Schlafzimmerverhalten eines Paares oftmals die Widerspiegelung ihres Temperaments. Wenngleich die wenigsten Christen den Heiligen Geist und das eheliche Liebesleben miteinander in Verbindung bringen, werden Sie feststellen, daß das Verhältnis eines Menschen zu Gott auch diesen intimen Bereich der Ehe beeinflußt. Wie mein Mann und ich in unserem Buch „Wie schön ist es mit dir" aufgezeigt haben, sind wir davon überzeugt, daß Christen, die in rechter Weise vom Geist Gottes motiviert sind, ein besseres eheliches Liebesleben genießen als jeder andere in unserer heutigen Gesellschaft. Unsere umfassende Umfrage unter 1700 gläubigen Ehepaaren ergab, daß hinsichtlich eines harmonischen Sexuallebens Christen nicht nur eine um zehn Punkte höherliegende Bewertung erreichten als Nichtchristen, sondern daß Christen, die ihr Leben bewußt unter die Herrschaft des Heiligen Geistes gestellt haben, solche, die dies noch nicht getan hatten, um sieben Punkte überragten.

Weil die Liebe etwas ist, von der Mann und Frau gleichermaßen betroffen sind, wollen wir einen Blick auf die vier Temperamente bei beiden Geschlechtern werfen, um festzustellen, wie sie wahrscheinlich sexuell aufeinander reagieren. Zu diesem Zweck werden wir uns zunächst mit den unterschiedlichen Reaktionen, Appetitgraden, Problemen und Grundbedürfnissen befassen, worauf ich den Frauen einige Vorschläge machen möchte, wie sie zu dem Ehepartner werden können, zu dem Gott sie geschaffen hat.

Der sanguinische Mann

Simon ist so empfänglich für die Liebe, daß es nicht viel bedarf, um ihn „in Stimmung zu bringen", und da er seine Gefühle alle sozusagen im Knopfloch trägt, bleibt seiner Frau seine Stimmung nicht lange verborgen. Ein geborener Charmeur, meint er mit seinen Schmeicheleien selbst einer weiblichen Marmorstatue den Kopf verdrehen zu können. Und er kann es durchaus, es sei denn, er ist mit ihr verheiratet. Im allgemeinen hat er einen regen Appetit auf alles, die Liebe inbegriffen.

Die meisten Sanguiniker haben keine nennenswerten

Probleme auf sexuellem Gebiet und machen gewöhnlich auch kein Hehl daraus, daß es ihnen Spaß macht. Wenn die Liebe nicht an erster Stelle in ihrem Leben steht, so belegt sie mit Sicherheit den zweiten Platz. Der sanguinische Mann läßt sich höchst ungern mit einem „Nein" abspeisen. Überhaupt wird er sehr leicht gekränkt und mutlos, wenn sein Partner auf sein Liebeswerben nicht eingeht. Nach außen hin mag er den Eindruck erwecken, er sei ein Casanova, aber unter seiner großtuerischen Schale steckt ein sehr liebebedürftiger Kern. Wird dieses Bedürfnis daheim nicht gestillt, neigt Simon mehr als jedes andere Temperament dazu, anderswo nach Liebe und Zärtlichkeit zu suchen, und dies aus zwei Gründen: 1. Er braucht die Eroberung einer anderen Frau, um sein stark ausgeprägtes Ego zu befriedigen, und findet leichte Beute in einsamen, unerfüllten Frauen, die seinem Charme verfallen. 2. Infolge seiner Willensschwäche und emotional hochgradigen Erregbarkeit fällt er skrupellosen Frauen am ehesten zum Opfer.

Die Bedürfnisse des Sanguinikers

Die Überbetonung der Erotik in unserer Zeit macht Simon sehr zu schaffen, denn er ist nun einmal leicht erregbar. Deshalb hat er auf diesem Sektor vier Dinge besonders nötig.

1. Moralische Grundsätze, die ihm von klein auf in Fleisch und Blut übergegangen sind und ihm Gottes Plan für einen Mann und eine Frau großmachen, „bis der Tod sie scheide".

2. Der „Wandel im Geist", vor allem, was sein Gedankenleben anbetrifft. In Römer 13,14 heißt es: „... und sorgt für euren Körper nicht so, daß ihr von seinen Begierden abhängig werdet" (Bruns). Läßt ein Sanguiniker seinen unmoralischen „Phantasien" freien Lauf, werden seine Leidenschaften bald derart entfesselt, daß sie außer Kontrolle geraten. Dann ist es nur noch ein kurzer Schritt

zum Ehebruch, ein Schritt, der seiner Frau und ihm nur Kummer und Herzeleid einbringt. Ist die moralische Barriere erst einmal genommen, fallen auch alle noch vorhandenen Hemmungen, seine Sünde zu wiederholen.

3. Eine liebevolle, entgegenkommende, zärtliche Ehefrau, die ihren Mann deutlich spüren läßt, wieviel Freude und Vergnügen ihr seine Liebe bereitet. Ehemänner, die so behandelt werden, gehen selten fremd, ganz unabhängig von ihrem Temperament.

4. Eine Frau, die zum alleinigen Gegenstand seiner überschwenglichen Liebe wird. Er muß es tunlichst vermeiden, mit anderen Frauen zu flirten oder ihnen zu nahe zu kommen (was sowohl der Beruhigung seiner eigenen Frau als auch der Ehemänner der anderen Frauen dienen dürfte). Überdies sollte er sich darauf konzentrieren, seiner Frau Freude und Erfüllung zu schenken.

Die sanguinische Frau

Nur sehr wenige Merkmale unterscheiden das Sexualverhalten des sanguinischen Mannes von dem der sanguinischen Frau. Susi ist der fröhliche, glückliche, zärtliche Typ mit der Gabe, daß Männer sich in ihrer Gegenwart wohlfühlen. Ihre charmante Persönlichkeit macht sie zum „Schlager" bei allen Männern, und in ihrer Naivität bringt sie es fertig, sie „anzuheizen", ohne es zu merken. Gewöhnlich will sie einfach nur nett sein.

Als Ehefrau verfügt sie über ein enormes Maß an Liebe, mit der sie Mann und Kinder überschüttet. Die körperliche Liebe ist ihr sehr wichtig, und im allgemeinen braucht ihr Mann nicht allzu große Mühe aufzuwenden, um sie in Stimmung zu versetzen. Selbst gekränkter Stolz oder Zorn sind leicht verflogen und vergessen. Sanguinikerinnen sind selten nachtragend, eine überaus wichtige Eigenschaft für jede Ehe! Sie ist der Typ, die am ehesten ihren Mann an der Tür mit einem „verheißungsvollen Kuß" empfängt. Von allen Temperamenten ist sie es auch, die ihren Mann aus der Fassung bringen kann, indem sie ihm nach der Lektüre der „Totalen Frau" nur in Stiefeln und Schürze bekleidet, die Tür aufmacht. Weil sie so gut wie keine Komplexe oder Hemmungen kennt, besitzt sie gewöhnlich auch eine gesunde Einstellung zum Sex, und dies häufig trotz katastrophal verzerrter Vorstellungen, die ihr von ihrer Mutter überliefert wurden. Ihre natürliche Spontaneität siegt über ihre Hemmungen, und rasch stellt sie fest, daß sie ihren Liebesgenuß durch Aggressivität noch steigern kann. Wenn ihr Mann sie nicht dämpft, was äußerst unklug wäre, lernt sie im allgemeinen schon sehr früh, daß Passivität in der Liebe nichts für sie ist. Ihr wechselndes Stimmungsspiel sorgt für Überraschungen und bereitet ihrem Partner großes Vergnügen. Solche Ehefrauen haben ein starkes Verlangen, ihrem Partner zu gefallen. Mit dem rechten Maß an Ermutigung und Hilfe sind sie in diesem Bereich des Ehelebens meist erfolgreich, vorausgesetzt, ihre Mängel auf anderen Gebieten werden ihren Partnern nicht zur Qual.

Die Bedürfnisse der Sanguinikerin

Die lustige, lebensfrohe Susi steuert in den Hafen der Ehe in der Erwartung, daß sie ihr Spaß bereiten wird. Die folgenden Ratschläge sollen ihr helfen, dieses Potential zu verwirklichen:

1. Sie sollte Wert legen auf einen ausgeprägten Wandel im Geist durch regelmäßiges Lesen in Gottes Wort und Erfüllung seiner Verhaltensnormen auf moralischem Sektor.

2. Sie muß sich ihrer „prickelnden" Wirkung nicht nur auf ihren eigenen Mann, sondern auch auf andere Männer bewußt werden und folglich allen Flirts aus dem Wege gehen, die die Eifersucht ihres Mannes heraufbeschwören und sie selbst in Versuchung bringen könnten.

3. Sie sollte ihre Extratouren zügeln, um ihrem Mann unnötige Peinlichkeiten zu ersparen. Vor allem muß sie einsehen, daß eine laute, übersprudelnde Ehefrau zwar die Aufmerksamkeit anderer Männer auf sich lenkt, sich aber auch das Mißfallen ihres Mannes einhandelt.

4. Sie sollte sich die tiefe, innige Liebe zu einem Mann schenken lassen, der ihr wiederum Zuneigung und Anerkennung entgegenbringt und mit Worten der Ermutigung, Aufmerksamkeiten und Zärtlichkeiten nicht geizt. Wenn sie all dieses empfängt, wird sie ihrerseits Sorgfalt auf ein gepflegtes Äußeres, modische Kleidung, gutes Benehmen, ordentliche Haushaltsführung und derlei Dinge wenden, die ihrem Mann wohlgefällig sind.

Der cholerische Mann

Auf den ersten Blick erweckt ein cholerischer Freier den Eindruck des idealen Liebhabers. Konfekt und Blumen zuhauf, Höflichkeit, Güte und dynamische Führungsqualitäten verleihen ihm den Schein der verkörperten Männlichkeit. Aus irgendeinem Grund sieht aber nach der Hochzeit alles anders aus. Choleriker sind so zielstrebige Naturen, daß sie so gut wie keine Mühe scheuen, um ans Ziel ihrer Wünsche zu gelangen. Weil das süße kleine Wesen vor der Ehe unbewußt ein Ziel darstellt, ist der Choleriker bereit, jeden Preis zu zahlen, um ihre Hand zu gewinnen. Ist er dann verheiratet, ist das Ziel ein anderes – jetzt möchte er sie standesgemäß versorgen. Und es kann gut sein, daß er dafür zwölf bis zwanzig Stunden am Tag arbeitet. Was der cholerische Mann am schwersten zu begreifen scheint, ist die Tatsache, daß seine Partnerin ihn nicht um äußerer Dinge willen geheiratet hat, die er ihr bieten kann, sondern um seiner selbst willen. Auf den Vorwurf seiner Frau, daß er sie nicht mehr liebe, reagiert er mit Worten wie: „Wie kannst du nur so etwas annehmen? Schufte ich nicht Tag und Nacht, um dir jeden Wunsch zu erfüllen?" Die Wahrheit ist, „schuften" macht ihm Spaß.

Auf emotionalem Sektor ist der Choleriker Extremist – er ist entweder heiß oder kalt. So kann er sich beispielsweise über Lappalien aufregen und darüber sogar einen Tobsuchtsanfall bekommen, mit dem er seiner Braut das erste Mal einen ordentlichen Schrecken einjagen dürfte. An seine Ungeduld und die Unfähigkeit, sie mit Zärtlichkeit zu überschütten, wird sie sich unter Umständen nur schwer gewöhnen können. Zärtlich zu sein ist einfach nicht seine Art. Die Ehefrau eines Cholerikers sagte einmal: „Ein Kuß von meinem Mann ist wie der einer Marmorstatue auf dem Friedhof an einem kalten Wintertag."

Der ungestüme Tatendrang des Cholerikers erschwert auch den Anpassungsprozeß in der Ehe. Ebenso wie er es fertigbringt, sich zu einer Überlandfahrt ins Auto zu setzen, ohne vorher einen Blick auf die Straßenkarte geworfen zu haben, kann es passieren, daß er seine Frau ohne die geringsten Kenntnisse über Sexualität ins Schlafzimmer trägt. Irgendwie, meint er, wird schon alles klappen.

Zu seinem großen Glück besitzt der Choleriker eine für sein Liebesleben wichtige und hilfreiche Eigenschaft – er ist immer praktisch. Hat er erst einmal begriffen, daß zur Liebe mehr gehört als zu einem 100-m-Lauf – daß er zärtlich, behutsam, liebevoll, rücksichtsvoll sein und ein Gespür für die Bedürfnisse seiner Frau entwickeln muß – lernt er rasch. Und im Lernprozeß stellt er fest, daß Zärtlichkeit aufregend sein kann und daß eine tiefe Erfüllung darin liegt, zuzusehen, wie die geliebte Frau auf seine Berührungen reagiert.

Die Bedürfnisse des Cholerikers

Der unterentwickeltste Bereich des Cholerikers ist sein Gefühlsleben. Und weil die Liebe nun einmal von Gefühlen motiviert wird, hat er viele Probleme:

1. Seinen Mitmenschen Liebe und Mitgefühl entgegenzubringen. Nichts weniger als die persönliche Entscheidung, Jesus Christus als Herrn und Heiland seines Lebens anzunehmen und der schrittweise „Wandel im Geist" können dem Choleriker die Fähigkeit dazu verleihen. Auch nach seiner Bekehrung wird es noch eine Zeitlang dauern, bis die Liebe Gottes in seinem Leben spürbar wird.

2. Einzusehen, daß viele Menschen nicht so selbständig sind wie er. Mögen sie auch seine Fähigkeiten besitzen, so fehlt ihnen doch vielfach das Vertrauen in sich selbst und ihre Leistungsfähigkeit. Carl muß erkennen, daß andere Menschen viel eher zu Zweifel und Unsicherheit neigen als er. Wenn er seiner Partnerin viel Geduld und Güte entgegenbringt und sie ermutigt, wird sie ihm leistungsmäßig auch entgegenkommen.

3. Liebe und Zärtlichkeit gegenüber seiner Frau und seinen Kindern zu entfalten und Lob und Anerkennung offen zum Ausdruck zu bringen. Er muß lernen, seiner Frau häufig „Ich liebe dich" zu sagen und stolz auf sie zu sein. Weil der Choleriker eine Führernatur ist, neigen andere dazu, Anerkennung, Liebe und Zustimmung bei ihm zu suchen. Er hat es deshalb in der Hand, ihnen mit einem mißbilligenden Blick oder vernichtenden Wort auch noch das letzte Fünkchen Mut zu rauben oder sie mit einem besonderen Lob oder Worten der Anerkennung aufzurichten. Wer einmal von ihm abgewiesen worden ist, wird sich nicht selten schutzsuchend in sein Schnekkenhaus zurückziehen, um nicht noch ein zweites Mal verletzt zu werden. Wenn der cholerische Ehemann und Vater sich den seelischen Bedürfnissen seiner Familie öffnet, kann er in sich selbst sogar Gefühle wecken, die sonst verdeckt blieben. „Ich liebe dich" zu sagen ist nicht einfach, wenn er sich aber selbst vergißt und erkennt, wie wichtig diese Worte für sich und die Frau, die er liebt, sind, und alles dransetzt, um sie glücklich zu machen,

wird Carl sehr schnell lernen – und an der Resonanz seine helle Freude haben.

4. Sarkasmus und respektlose Redensarten aus seinem Wortschatz zu verbannen. Herzlose und feindselige Worte sind absolut nicht dazu angetan, eine Frau liebesbereit zu machen!

5. Zu lernen, seinen inneren Zorn und Hader zu überwinden, und dies aus zwei Gründen: Erstens, wer den Geist Gottes durch Zorn betrübt (Epheser 4,30-32), wird zeitlebens ein geistlicher Zwerg bleiben. Zweitens wirken die ständig drohenden cholerischen Zornesausbrüche hemmend auf die emotionale Ausdrucksfähigkeit seiner Frau. Ein cholerischer Christ wird zweifellos Mühe haben einzusehen, daß sich sein geistliches Leben auch auf sein Schlafzimmerleben auswirkt. Aber das tut es – so oder so.

Die cholerische Frau

Clara ist gewöhnlich ein aufregendes Geschöpf, vor allem, wenn man nicht mit ihr zusammenleben muß. Sie ist überaus aktiv auf allen Gebieten – eine starke, dynamische Persönlichkeit, die sich viele Ziele gesetzt hat. Gleichzeitig zeichnet sie sich vielfach durch ein herrschsüchtiges Wesen und eine messerscharfe Zunge aus sowie dadurch, daß sie immer und überall die dominierende und beherrschende Rolle an sich reißt.

In meiner Jugendzeit gab es ein solches Mädchen in unserer Jugendgruppe. Ein großer Spaßvogel, brauchte sie sich über einen Mangel an Verehrern nicht zu beklagen. Hinter ihrem Rücken aber raunten die Jungen scherzhaft: „Heirate bloß niemals Evelyn, es sei denn, du willst Präsident der Vereinigten Staaten werden!"

Die Notwendigkeit einer geistig positiven Einstellung zur ehelichen Liebe wird am Beispiel der cholerischen Frau besonders deutlich. Hat sie in ihrer Kindheit ein herzliches Verhältnis zwischen ihren Eltern beobachten können, wird sie die Ehe aller Voraussicht nach mit einer positiven Einstellung zur körperlichen Liebe eingehen. In der Regel erreichen Choleriker das, was sie sich in den Kopf gesetzt haben, deshalb wird sie bestimmt nicht enttäuscht – und auch nicht ihr Mann.

Wenn sie dagegen von unglücklichen, sich ewig streitenden Eltern großgezogen wurde, wenn sie einmal belästigt worden ist oder ein anderes, ähnlich traumatisches Erlebnis in ihrer Kindheit gehabt hat, oder wenn ihr – aus religiösen oder welch anderen unbegreiflichen Gründen auch immer – beigebracht wurde, daß Sex etwas Schmutziges sei, kann sich dies später einmal verheerend auf ihre Liebesbeziehung zu ihrem Mann auswirken. Cholerikerinnen sind so dogmatisch und voreingenommen, daß sie, einmal von der Idee besessen, „Sex ist nichts für anständige Mädchen", durch nichts und niemanden eines Besseren zu belehren sind. Nicht einmal der Engel Gabriel könnte sie beeindrucken, würde er ihnen eine Steintafel unter die Nase halten mit der Botschaft: „Die Ehe ist ehrbar in allem." Kann man sie dennoch einmal davon überzeugen, daß Gott ihr Freude an der geschlechtlichen Liebe schenken will, findet sie in der Regel rasch den Übergang zu einem glücklichen Liebesleben.

Cholerische Frauen haben vielfach unter mehreren potentiellen Komplexen auf diesem Sektor zu leiden. Da es ohnehin nicht in ihrer Natur liegt, Zärtlichkeit zu zeigen, ersticken sie sehr oft schon die Annäherungsversuche ihrer Männer, ehe ihr eigener Motor richtig auf Touren kommt. Wenn sie nicht unter der Herrschaft des Heiligen Geistes stehen, neigen sie außerdem dazu, ihren Mann seiner Männlichkeit zu berauben, indem sie auf allen Gebieten – und das schließt die eheliche Liebe mit ein – die führende und beherrschende Rolle an sich reißen.

Es bedarf einer rücksichtsvollen, unter dem Einfluß des Heiligen Geistes stehenden cholerischen Ehefrau, zu erkennen, daß sie nur sich selbst schadet, wenn sie auf diese Weise das Ego ihres Mannes mit Füßen tritt.

In der Ehe ziehen Gegensätze einander an, wie wir festgestellt haben. Demzufolge wird sich eine cholerische Frau im allgemeinen zu einem passiven Partner hingezogen fühlen. Wenn ihr nun die körperliche Liebe nicht allzu viel Vergnügen bereitet, kann es vorkommen, daß sich in dieser Richtung über einen längeren Zeitraum hinweg überhaupt nichts abspielt, weil er zu passiv ist, um sich zu äußern oder etwas dagegen zu unternehmen. Ganz gleich, ob er das Thema nun anschneidet oder nicht, sicher ist, daß er von einer solchen Abstinenz nicht begeistert ist. Es kann nur eine Frage der Zeit sein, wann es zum Knall kommt – dann aber fast immer mit ernsten Folgen.

Zugunsten der cholerischen Ehefrau ist allerdings zu sagen, daß wenn sie einmal begriffen hat, wie wichtig für ihren Mann ein geregeltes Schlafzimmerleben ist, sie sich gewöhnlich anpaßt und zu einem liebevollen Partner wird. Sie muß sich darüber im klaren sein, daß nicht zuletzt ihr Verhalten und die Bereitschaft, ihrem Mann in diesem intimen Bereich die Führung zu überlassen, über Erfolg oder Mißerfolg ihrer Ehe entscheiden können.

Die Bedürfnisse der cholerischen Frau

Wie ihr männliches Gegenüber hat auch die Cholerikerin zahlreiche Bedürfnisse. Hier einige der wichtigsten:

1. Ein Leben in der Zucht des Heiligen Geistes ist unerläßlich, will sie Sieg über ihren Jähzorn und ihre scharfe Zunge bekommen und die Fähigkeit entwickeln, Liebe und Zuneigung zu zeigen. Liebevoll und zärtlich zu sein ist für einige Temperamente gewiß leichter als für andere, aber Gott hätte uns niemals das Gebot gegeben, einander zu lieben, wenn er nicht gewußt hätte, daß auch alle es erfüllen können. Choleriker müssen vielleicht etwas intensiver daran arbeiten als andere, aber je offener sie ihre

Liebe zum Ausdruck bringen, desto leichter fällt es ihnen.

2. Zu vergeben lernen – vor allem ihrem Vater, sollte Anlaß dazu vorhanden sein. Keine Frau, die ihren Vater haßt, kann ihren Mann vorbehaltlos lieben. Dies gilt besonders für die willensstarken, eigensinnigen, überheblichen Cholerikerinnen. Sie werden ihren frustrierten Zorn immer an ihren Männern auslassen und damit deren Liebesäußerungen ersticken. Die Ursachen für derlei Probleme, die cholerische Frau betreffend, sind vielfältig – vielleicht hat sie einmal als kleines Mädchen die Zuneigung ihres Vaters zurückgewiesen, worauf dieser, weil er sie nicht verstand, sie aus seinem Herzen ausgeschlossen und sich nicht mehr viel um sie gekümmert hat. Er wußte einfach nicht, wie er sie erreichen konnte. Und weil sie wiederum nicht wußte, warum sie von ihrem Vater abgelehnt wurde, hat sie sich immer mehr von ihm zurückgezogen, ihm gegenüber auch nicht die sonst normalen Gefühlsäußerungen gezeigt und eine zunehmende Feindseligkeit gegenüber Männern schlechthin entwickelt.

3. Zu vermeiden, ihren Mann, besonders im Liebesbereich, mit Sarkasmus, Kritik und Spott zu überhäufen. Choleriker strahlen so viel Selbstsicherheit aus, daß sie auch schon ohne Worte anderen ein Gefühl der Unzulänglichkeit vermitteln. Die cholerische Frau muß ihren Ehemann wissen und spüren lassen, wie sehr sie ihn als Mann und Liebhaber schätzt. Kein Kompliment ist schöner oder von bleibenderem Wert als eines, das die Männlichkeit bzw. Weiblichkeit des Partners aufwertet.

4. Sich Zeit für die Liebe nehmen. Choleriker sind häufig Nachtschwärmer. Der schlafbedürftige Ehemann begibt sich vielleicht um zehn oder elf Uhr ins Bett in der Hoffnung auf ein wenig Liebe und Zärtlichkeit, schläft aber ein, weil seine cholerische Ehefrau noch ein Buch auslesen, putzen oder zahllosen anderen Beschäftigungen nachgehen muß, die ihre Energie ihr aufdiktiert. Vie-

le cholerische Frauen könnten Ihr Liebesleben einfach schon dadurch verbessern, daß sie ein wenig früher zu Bett gehen.

5. Zu lernen, sich im biblischen Sinne zu unterwerfen. Die Cholerikerin übernimmt gern die führende Rolle und beherrscht sie in der Regel auch gut; durch die Gnade Gottes aber und im Gehorsam gegen sein Wort muß sich eine solche Ehefrau ihrem Mann unterordnen. Unternimmt sie den Versuch, sich innerhalb ihrer Familie die Rolle und Aufgaben ihres Mannes anzueignen, beschwört sie eine Katastrophe herauf. Ein passiver Mann wird seiner Frau mehr Liebe, Achtung und Entgegenkommen zeigen, wenn sie ihn ermutigt, in ihrem Heim die Verantwortung und Führung zu übernehmen.

Der melancholische Mann

Martin ist der Superidealist. Gewöhnlich stolpert er in die Ehe ohne die geringsten Sexkenntnisse, eben weil er die idealistische Vorstellung hat, daß alles klappen wird. Hat er das Glück, mit einer amourösen und aufregenden Frau gesegnet worden zu sein, die auch nicht mit Hemmungen oder Komplexen behaftet ist, dürfte tatsächlich meistens alles gut gehen. Heiratet er aber jemanden, der so naiv ist wie er selbst, könnte es passieren, daß beide sehr niedergeschlagen von der Hochzeitsreise zurückkehren. Wenn das Liebesleben eines Paares unbefriedigend ist, kann dies einen melancholischen Ehemann in seinen Grundfesten erschüttern. Sein depressiver Zustand hat negative Auswirkungen besonders auf die Liebesbereitschaft seiner Frau, was die Sache nur noch verschlimmert. Bis ein Melancholiker allerdings eine Beratungsstelle aufsucht, ist seine Ehe meist schon in ein kritisches Stadium getreten.

Mehr als jedes andere Temperament besitzt der Melancholiker die Fähigkeit, wahre Liebe zum Ausdruck zu bringen. Solange er nicht unreinen Gedanken nachhängt oder in außereheliche Geschlechtsbeziehungen verwickelt wird, ist er ein treuer Partner. Wenn Martin seine Frau liebt, nehmen seine Rücksichtnahme, Güte und Liebesbezeugungen überdimensionale Formen an.

Zu den herausragenden Vorzügen des Melancholikers zählt sein Sinn für Romantik, deshalb wendet er viel Liebe auf, um die rechte Atmosphäre zu schaffen – leise Musik, gedämpfte Beleuchtung, Parfum, kurzum, all die Dinge, die das romantische Herz einer Frau höher schlagen lassen.

Dank seiner analytischen Fähigkeiten findet Martin schnell heraus, was den Genuß seiner Frau zu steigern vermag, und es bereitet ihm Vergnügen, ihr Erfüllung zu schenken. Wenn nichts dazwischenkommt, kann aus diesen beiden ein großartiges Liebespaar werden.

Bedauerlicherweise läuft im Leben nicht immer alles glatt, und die Ehe ist keine Ausnahme. Melancholiker sind solche Perfektionisten, daß sie nahezu alles ablehnen, was nicht vollkommen ist. So kommt es vor, daß ein melancholischer Ehemann, voll Heißhunger auf seine Frau, heimwärts eilt, seine glühende Liebe aber auf den Gefrierpunkt sinkt, wenn er das schmutzige Geschirr im Spülstein entdeckt oder über die auf dem Fußboden verstreuten Spielsachen stolpert. Ich kenne sogar einen melancholischen Ehemann, der Lust bekam, wenn er seiner Frau abends beim Auskleiden zusah, dem aber alle Lust wieder verging, wenn sie ihre Sachen nicht ordentlich aufhängte. Ein Sanguiniker oder Choleriker würde in dem Moment die Kleider überhaupt nicht sehen.

Die Feinfühligkeit des Melancholikers, die ihn in den meisten Fällen die Bedürfnisse seiner Frau nach Liebe und Zärtlichkeit spüren läßt, kann gelegentlich auch gegen ihn arbeiten. So neigt er dazu, es als Zurückweisung zu empfinden, wenn seine Frau nicht sofort auf seine er-

132

ste Liebesinitiative anspricht. Wenn sie gerade in einer schüchternen Stimmung ist, was bei Frauen häufig vorkommt, und mit zärtlichem Werben aus der Reserve gelockt werden möchte, meint er gleich, daß sie kein Verlangen nach ihm verspürt, und zieht sich zurück, ohne ihr Gelegenheit zu geben, ihre wahren Gefühle zu zeigen.

Die Bedürfnisse des Melancholikers

Der Melancholiker hat einen Reichtum an Liebe, die zu verschenken er schon bei der geringsten Ermutigung bereit ist. Hier sind einige seiner offenkundigsten Bedürfnisse:

1. Ein lebendiges, persönliches Verhältnis zu Gott und ein vom Geist Gottes regiertes Alltagsleben, das ihn seine Antenne nach außen, statt krankhaft nach innen richten läßt. Kein selbstsüchtiger oder egozentrischer Mensch kann jemals ein guter Liebhaber werden, einerlei, welches Temperament er hat. Ob ein Melancholiker im Geist wandelt oder nicht, zeigt sich daran, ob es ihm gelingt, dieses egozentrische Syndrom zu durchbrechen.

2. Er muß lernen, bedingungslos und ohne Gegenforderungen zu lieben. Eine Frau erzählte mir einmal, ihr Mann sei ein geborener „Kleinkrämer". „Er führt eine lange Checkliste über meine Hausarbeit, und wenn ich bei Zubettgehen nicht in allen Punkten 1a stehe, weigert er sich, mich zu lieben", klagte sie.

3. Es gilt, seine kritische Haltung und pessimistische Einstellung abzulegen, womit die beiden Hauptprobleme des Melancholikers angesprochen wären. Bedingt durch seinen übertriebenen Perfektionismus legt er sich und anderen oftmals völlig unrealistische Leistungsnormen auf. Um so häufiger und bitterer sind dann seine Enttäuschungen, wenn Dinge und Menschen seine Erwartungen nicht erfüllen.

4. Er sollte nach einem positiven und gesunden Gedankenleben streben (Philipper 4,8). Besonders hüten sollte

er sich vor rachsüchtigen Gedanken oder Selbstmitleid, dafür aber stets „in allen Dingen dankbar sein" (1. Thessalonicher 5,18).

5. Er braucht eine Ehefrau, die nicht leicht gekränkt oder beleidigt ist, die ihn mit ihrer Fröhlichkeit aufrichtet, wenn er niedergeschlagen ist, ihn in seiner Männlichkeit bestärkt, wenn er sich unsicher fühlt, und seine Kritik auf die leichte Schulter nehmen kann. Wenn sie merkt, daß er verstimmt ist, kann sie noch eine Weile geduldig warten, bis sich seine Laune bessert.

6. Stets auf Gott zu schauen und ihm für die Stärken seiner Partnerin zu danken. Wichtig ist, daß er ihr immer wieder Mut macht durch Worte der Liebe und Anerkennung. Ich kenne mehr als eine sanguinische Ehefrau, deren Persönlichkeit sich unter der ständigen Kritik eines melancholischen Ehemannes total verändert hat. Bedauerlicherweise findet am Ende selbst Martin keinen Gefallen an seiner Schöpfung.

Die melancholische Frau

Martha ist eine unberechenbare Liebespartnerin, denn von allen Temperamenten ist sie den ausgeprägtesten Stimmungsschwankungen unterworfen. Es gibt Zeiten, in denen sie so aufregend und stimulierend sein kann wie eine Sanguinikerin. Ein andermal bringt sie für nichts Interesse auf – auch nicht für die Liebe. So kann sie heute ihren Mann von der Haustür geradewegs ins Schlafzimmer schleifen und schon morgen sein Heimkommen völlig ignorieren.

Martha ist die geborene Romantikerin, und ihre Stimmungen sind so offenkundig wie die Mittagssonne. Wenn sie in Liebesstimmung ist, fährt sie schwere Geschütze auf – Abendessen bei Kerzenlicht, gedämpfte Musik und schweres Parfum. (Ist sie mit einem Sanguiniker verheiratet, funktioniert das tadellos, ist ihr Mann aber Choleriker, tritt sie womöglich voll ins Fettnäpfchen, denn die meisten von ihnen können Parfum nicht ausstehen.)

Obgleich sie der ekstatische Liebesgenuß in schwindelnde Höhen versetzen kann, in denen andere Temperamente glatt ersticken würden, zeigt sie, was die Häufigkeit anbetrifft, selten Neigung dazu, Weltrekorde aufzustellen. Qualität ist ihr wichtiger als Quantität. Von allen Temperamenten spielt sie am liebsten Schlafzimmerroulette – anders ausgedrückt, sie gewährt ihre Liebe als Belohnung für gutes Betragen. Das wird jedoch kein Mann, der die Bezeichnung verdient, auf die Dauer hinnehmen.

Eine Melancholikerin quält sich häufig mit geheuchelter Prüderie, vor allem, wenn ihre Mutter auf diesem Sektor Probleme hatte. So greift sie unter Umständen zu fadenscheinigen religiösen Argumenten als Ausrede für ihre Abstinenz, wohingegen jedoch das eigentliche Problem vermutlich in ihrem vorehelichen Entschluß begründet ist, Sex sei verabscheuungswürdig, und darin, daß sie sich niemals die Mühe gemacht hat, sich vom Gegenteil zu überzeugen. Sie ist der Typ, die sich der Liebe nur zur Fortpflanzung bedient – niemals zum Vergnügen. Das Studium der Bibel kann sie eines Besseren belehren.

In Marthas Augen werden Lappalien im Handumdrehen zu schier unüberwindlichen Problemen. Hat ihr Mann einmal eine kleine Unstimmigkeit auf seinem Kontoauszug, eine Besorgung vergessen oder versäumt zu baden, kann dies Martha total aus dem Gleichgewicht bringen und veranlassen, insgeheim auf Rache zu sinnen. Sie ist der Meinung, er hat sich nicht an ihr Abkommen gehalten, deshalb braucht sie es auch nicht zu tun – folglich verweigert sie sich ihrem Mann. Was sie dabei übersieht, ist, daß sie sich nur selbst schadet. Zum einen bringt sie sich um das Vergnügen der Liebe, zum anderen um die liebevolle Anerkennung ihres Mannes.

Einmal kam eine melancholische Ehefrau, die seit mehreren Wochen keinen Verkehr mehr mit ihrem Mann gehabt hatte, zu mir in die Seelsorge. Sie war nur abends für die Liebe aufgelegt, aber bis sie ins Bett kam, war er immer schon längst hinüber. „Abends fällt er todmüde ins Bett", klagte sie, „und nimmt sich noch nicht einmal die Zeit, sich zu waschen oder die Zähne zu putzen. Am nächsten Morgen bin ich dann verschlafen und er hellwach. Dann aber ekle ich mich vor seinem Körper- und Mundgeruch." Ich gab ihr den Rat, sie solle lernen, ihren Mann zu nehmen, wie er ist, und nicht versuchen, ihn zu ändern. Es war eine bittere Pille für die Frau, aber es dauerte nicht lange, bis sie feststellte, daß, wenn sie ihm entgegenkam, er durchaus bereit war, aus Liebe zu ihr seine Gewohnheiten zu ändern.

Ein anderes, für Martha typisches Problem ist ihre Eifersucht. Als „Flirtmuffel" heiratet sie häufig einen Mann, der kontaktfähig ist und freundlich zu jedermann. Es ist nichts Ungewöhnliches für sie, sich auf der Heimfahrt von einer Party in eisiges Schweigen zu hüllen, weil ihr Mann „wieder einmal mit allen Frauen geflirtet hat". Weil sein männliches Ego daheim so wenig Nahrung bekommt, sucht er Ausgleich unklugerweise auf Partys und Gesellschaften. Und oftmals denkt er dann: „Ich kann tun, was ich will, das Weib ist nie zufrieden!"

Einmal saß ich der schönen Frau eines dynamischen und wohlhabenden gläubigen Geschäftsmannes gegenüber. Zu meinem Erstaunen fragte mich diese melancholische Ehefrau plötzlich: „Können Sie mir verraten, warum ich auf meinen Mann so eifersüchtig bin, obwohl ich genau weiß, daß ich nicht den geringsten Grund dazu habe?" Es stellte sich heraus, daß er drei Sekretärinnen nacheinander entlassen und das reizloseste Mädchen eingestellt hatte, das er finden konnte, einzig und allein seiner eifersüchtigen Frau zuliebe. Doch damit war ihr Problem noch nicht gelöst. „Das Problem liegt nicht bei Ihrem Mann", gab ich zur Antwort „Sie können sich einfach selbst nicht leiden." Unter Tränen gestand sie mir daraufhin ihre starken Minderwertigkeitsgefühle. Später äußerte sich auch ihr Mann zu ihrem Liebesleben: „Wenn ihr grundloses Mißtrauen sie zur Eifersucht treibt, darf ich sie nicht anrühren. Wenn ihr ihre Vorwürfe dann aber leid tun, kann sie nicht genug von mir bekommen. Ich weiß nie, ob mich zu Hause ein Festschmaus oder Wasser und Brot erwartet."

Was Martha im Leben am meisten zu schaffen macht, ist ihr Hang zum Selbstmitleid. Schon die geringsten Kränkungen oder Zurückweisungen lösen bei einer Melancholikerin Gedanken des Selbstmitleids aus, die sie so niederdrücken, daß sie für nichts mehr Interesse aufbringen kann, weder für die Liebe noch für irgend etwas anderes.

Die Bedürfnisse der Melancholikerin

Das Emotionspotential einer Melancholikerin ist so gewaltig, daß sie die Fähigkeit in sich trägt, eine aufregende und erfüllende Liebespartnerin zu werden, vorausgesetzt, daß ihre Schwächen über ihre Stärken nicht die Oberhand gewinnen. Hier sind einige ihrer speziellen Bedürfnisse:

1. Ein lebendiges Verhältnis zu Jesus Christus, der Wandel in seinem Geist und damit der Zugang zu seiner Liebe, seinem Frieden und seiner Freude, die sie zu einer kraftvollen Persönlichkeit umgestalten können.

2. Sie braucht ein dankbares Herz für alles Schöne, das sie von Gott empfangen hat, wobei sie sich weder zu kritischen Gedanken noch kritischen Äußerungen hinreißen lassen darf, wenn ihr etwas nicht gefällt. Sie wird feststellen, daß sie durch eine positive, von Dankbarkeit geprägte Haltung eine optimistischere Lebenseinstellung gewinnt. Sie wird zu einem netteren Menschen, mit dem andere es gern zu tun haben. Eine solche Gesinnung wird

ihr auch helfen, sich so anzunehmen, wie sie ist; Selbstverdammung wird sie zerstören. Wer sich selbst nicht leiden kann, ist auch für andere schwer zu ertragen.

3. Sie muß ihren Mann annehmen, wie er ist, und Gott die nötigen Änderungen überlassen. Ausschlaggebend für ihre Bereitschaft zur Unterwerfung sollte nicht sein Betragen sein, sondern ihr Gehorsam gegen Gott.

4. Sie braucht die Ermutigung und unverhohlene Liebe ihres Mannes. Ein rücksichtsvoller Ehemann, der seine Liebe offen gesteht und sie in vielen anderen Bereichen der Ehe unter Beweis stellt, wird auch in diesem reich belohnt.

5. Sie sollte von Gott eine bedingungslose Liebe zu ihrem Mann sowie die Fähigkeit erbitten, ihn so sehr zu lieben, daß sie sich selbst darüber vergißt. Sie muß erkennen, daß die körperliche Liebe in der Ehe etwas Schönes ist, weil sie in Gottes Plan für Eheleute enthalten ist. Unser Herr verheißt uns, daß die Frau, die sich vorbehaltlos ihrem Mann hingibt, geliebt werden wird. Er sagt: „Gebet, so wird euch gegeben" und „Was der Mensch säet, das wird er ernten". Die Frau, die Liebe sät, wird auch im Überfluß Liebe ernten.

6. Sie sollte sich in der Vergebung üben. In fast jeder dauerhaften Ehe bedarf es irgendwann einmal der Vergebung. Weil eine unversöhnliche Gesinnung immer eine Beziehung zerstört, müssen die Partner erkennen, daß Vergebung ein Gebot Gottes ist und Voraussetzung für ein harmonisches Zusammenleben.

Der phlegmatische Mann

Über das Schlafzimmerleben des Phlegmatikers ist uns nicht viel bekannt. Ohne Zweifel ist er das verschwiegenste Individuum auf Gottes Erdboden, vor allem was sein Privatleben anbetrifft. Wenn aus diesem intimen Bereich etwas an die Außenwelt dringt, dann in der Regel durch eine wütende Partnerin, so daß die Information mit größter Vorsicht zu genießen ist. Um dem phlegmatischen Mann gerecht zu werden, müssen deshalb alle Angaben über sein Liebesverhalten auf der Grundlage deduktiver Analyse und dem Hörensagen bewertet werden.

Weil ein Phlegmatiker zu Trägheit und Motivationsmangel neigt, liegt der Schluß nahe, daß er auch kein stürmischer Liebhaber ist, doch dürfte dies nicht immer zutreffen. Ein Studium der Gewohnheiten von Phlegmatikern führt zu dem Schluß, daß sie gewöhnlich mehr leisten, als man ihnen zugesteht. Sie machen eben nur nicht soviel Lärm und Aufsehen darum wie andere Temperamente. Dafür kommt die Anstrengung, die sie aufwenden, der jeweiligen Sache voll zugute. Was immer sie vorhaben, packen sie kraftvoll und ohne Umschweife an, wie es ihrer natürlichen, stillen Art entspricht. Wir vermuten, daß sie sich in der Liebe ähnlich verhalten.

Vor allem ein Merkmal dürfte dem Liebesleben des Phlegmatikers förderlich sein – seine große Güte. Selten, wenn überhaupt, würde Philipp seine Frau jemals in Verlegenheit bringen oder beleidigen; Sarkasmus liegt ihm einfach nicht. Frauen sprechen im allgemeinen auf einen Mann an, der freundlich zu ihnen ist. Von daher dürfte er wenig Mühe haben, in seiner Frau die Bereitschaft zur Liebe zu wecken.

Ein anderes Merkmal, ebenfalls ein beachtliches Plus, ist die Tatsache, daß ein Phlegmatiker selten zornig wird, selten auch anderen auf die Nerven geht. Wenn seine feurige Partnerin ihn aus irgendeinem Grund anschreit, pflegt gewöhnlich schon seine Reaktion die Flamme zu löschen, denn er ist ein Meister der „besänftigenden Antwort". So hat sich denn der Sturm bis zum Schlafengehen meist gelegt, und er kann getrost so tun, als sei nichts geschehen.

Der Ausdruck „Den Seinen gibt's der Herr im Schlaf"

scheint auf phlegmatische Männer besonders zuzutreffen. Sie sind die Geduld in Person, offenbar fähig, schon allein durch ihr Warten andere in Aktion zu versetzen. Wahrscheinlich ist ihr Liebesleben nicht viel anders. Wenn ihr jugendlicher Sexualtrieb an Intensität nachläßt, lehren sie ihre Partnerin geduldig, in der Liebe die Initiative zu ergreifen. Wahrscheinlich bekommen sie in der Ehe soviel Liebe wie sie wollen, vielleicht sogar noch öfter und besser als manches stürmischere Temperament. Sie neigen einfach mehr als andere Temperamente dazu, ihren Partnerinnen die Initiative darin zu überlassen.

Drei Dinge könnten dem phlegmatischen Mann zum Problem werden. Zum einen kann er sich nur schwer durchsetzen und scheut, wenn man sie ihm nicht gerade aufzwingt, vor Führungsaufgaben zurück. Führt er dennoch, macht er seine Sache ausgezeichnet. Drückt sich der Phlegmatiker allerdings vor der Verantwortung als Familienoberhaupt, kann seine Frau leicht enttäuscht werden. Die Frau, die von einem solchen Mann im Schlafzimmer die Initiative erwartet, könnte sich sehr bald ungeliebt vorkommen, ja, mitunter sogar die Achtung vor ihrem phlegmatischen Ehemann verlieren, weil er seine Männlichkeit allem Anschein nach nicht zu behaupten weiß.

Einen zweiten Gefahrenpunkt bildet sein phlegmatischer Egoismus, der ihn geizig, stur (auf eine höfliche Art) und bequem werden läßt. Gibt er diesen Schwächen nach, wird seine Frau unzufrieden und klagen: „Er gibt mir nicht genügend Haushaltsgeld und führt mich nie aus. Und wenn wir doch mal etwas unternehmen, hat sich alles nach seinen Wünschen zu richten." Wie wir bereits gesehen haben – Unzufriedenheit erstickt die Liebe.

Drittens, und das ist ebenfalls ein wunder Punkt beim Phlegmatiker, hüllt er sich rasch in eisiges Schweigen, wenn ihm etwas nicht in den Kram paßt. Da Reden ohnehin nicht zu seinen Stärken zählt, dürfte es ihm auch schwerfallen, seiner Partnerin beizubringen, was ihm in der Liebe Vergnügen bereitet. Die Folge ist, daß er sich jahrelang mit einer enttäuschenden Beziehung zufriedengibt und sich und auch seine Partnerin um unzählige ekstatische Erlebnisse bringt, die Gott ihnen zur Freude zugedacht hatte.

Die Bedürfnisse des Phlegmatikers

Der gütige, freundliche, sanftmütige Phlegmatiker erscheint Außenstehenden gegenüber vielleicht als ein Mann, der seine Schwächen überwunden hat. Wer mit ihm zusammenlebt, erkennt jedoch, was er besonders braucht. Nachstehend sind einige der für ihn typischen Bedürfnisse aufgezählt:

1. Eine dynamische Beziehung zu Jesus Christus, die das Verlangen in ihm weckt, mehr auf die Bedürfnisse seiner Frau und Kinder einzugehen und sich nicht so sehr um sich und seine eigenen Wünsche und Gefühle zu drehen.

2. Ein aggressiveres Verhalten auf allen Gebieten, besonders auf dem der Liebe, um den Bedürfnissen seiner Frau darin gerecht zu werden.

3. Deutlicher und häufiger seine Liebe und Anerkennung gegenüber seiner Frau zum Ausdruck zu bringen. Er muß lernen, offener über seine eigenen Wünsche und Bedürfnisse zu sprechen, vor allem dann, wenn das Paar vor Problemen steht. Zur Pflege dieser für die Ehe lebensnotwendigen Kommunikation darf er in seinen Bemühungen nicht nachlassen.

4. Eine Ehefrau, die seinen scheinbaren Motivationsmangel versteht und ohne Groll akzeptiert, eine Frau, die ihre weiblichen Reize taktvoll einsetzt, um ihn zum rechten Zeitpunkt aus der Reserve zu locken.

5. Eine Ehefrau, die versucht, ihren metabolischen Fahrplan dem ihres Partner anzupassen, um seine vorhandene Vitalität optimal zu steigern, eine Frau, die seine starken, stillen Eigenschaften zu schätzen weiß und die

Tiefgründigkeit seines Wesens dankbar anerkennt, statt sich an seinem Hang zur Passivität wundzureiben. Wenn sie anfängt, an ihm herumzunörgeln, wird er sich in sein Schneckenhaus verkriechen und sie ausschließen.

Die phlegmatische Frau

Der Menschentyp, mit dem man in der Regel am besten auskommt, ist der Phlegmatiker, besonders, wenn es eine Frau ist. Sie ist überaus gefällig und wird ihrem stärkeren Partner eher nachgeben, als den Haussegen gefährden. Sie ist leicht zufriedenzustellen. Wenn einmal zwischen ihr und ihrem Mann Schwierigkeiten auftauchen, widmet sie ihre Zuneigung und Aufmerksamkeit vielfach ihren Kindern.

Von ihrer passiven Persönlichkeit ist auch ihr Schlafzimmerleben geprägt; in der Liebe ergreift sie selten die Initiative. Weil sie aber ihren Partner zufriedenstellen möchte, verweigert sie sich ihm so gut wie nie.

Einer der wohl mächtigsten Einflüsse im Leben einer Phlegmatikerin, ein Einfluß, der sich auch auf ihre Liebesbereitschaft stark auswirkt, ist Angst und die von dieser Angst genährten Sorgen. Eine solche Frau fürchtet sich beispielsweise vor einer Schwangerschaft (obwohl sie darin sonst keine Probleme hat), vor Bloßstellen, Blamage und einer Menge anderer echter oder auch eingebildeter peinlicher Situationen. Zu ihren größten Sorgen zählt, daß ihr Mann seine Achtung vor ihr verlieren könnte, wenn sie zuviel Eifer und Bereitschaft zur Liebe zeigt, obwohl die umgekehrte Reaktion ja der Normalfall ist.

Die Bedürfnisse der Phlegmatikerin

Trotz ihres lieben, freundlichen und gutmütigen Wesens hat Paula mehrere Dinge nötig, um zu einer besseren Ehefrau und Liebespartnerin zu werden.

142

1. Jesus Christus als ihren Herrn und Heiland anzuerkennen. Phlegmatikerinnen tun sich manchmal schwer, sich als Sünder zu erkennen (und dank ihrer ach so reizenden Art werden sie von anderen in dieser Haltung bestärkt. Doch durch Selbstgerechtigkeit ist schon manchem der Weg zum Himmelreich versperrt worden). Durch den täglichen „Wandel im Geist", in dem sie sich üben muß, empfängt die phlegmatische Frau Motivation zur Überwindung ihrer Passivität, Liebe zur Überwindung ihres Egoismus und Vertrauen zur Überwindung ihrer Ängste. Von Gott mit diesen Eigenschaften ausgestattet, kann sie zu einer aufregenden Partnerin werden.

2. Auf eine gepflegte Erscheinung nachhaltig Wert zu legen. Phlegmatische Mütter sind nach der Geburt ihrer Babies oft so müde, daß sie ihr Äußeres vernachlässigen – ihre Haare, ihre Kleidung und oft ihr Gewicht. Die Frau, die sich keine Mühe mehr gibt, sich für ihren Mann schön zu machen, hat offensichtlich ihre Selbstachtung verloren. Auch die Liebe und Achtung ihres Mannes werden nachlassen. Eine Frau braucht keine hinreißende Schönheit zu sein, um sich die Hochachtung ihres Mannes zu erhalten; wie sie sich ihrem Mann aber Abend für Abend präsentiert, ist ein Hinweis darauf, was sie von ihm und sich selber hält. Jeder Mann sollte Verständnis dafür haben, daß seine Frau auch einmal müde sein kann, aber fünf Abende in der Woche sind eine Zumutung.

Es gibt gläubige Frauen, die 1. Petrus 3,3 als Ausrede für die Vernachlässigung ihres Äußeren benutzt haben – auf Kosten ihrer Ehe. Was dieser Abschnitt tatsächlich aussagen will, ist, daß eine gläubige Frau mehr Zeit für die Pflege ihres inneren als ihres äußeren Menschen aufwenden soll. Auf keinen Fall geht daraus hervor, daß sie das eine oder das andere vernachlässigen soll. Denken Sie daran: Eine Frau ist die schönste Blume im Garten eines Mannes, und selbst Rosen wollen gepflegt, gehegt und geschnitten werden.

3. System und Ordnung in ihren Alltag zu bringen und einen regelmäßigen Zeitplan einzuhalten. Mit Ausnahme der Sanguinikerin fällt es keiner Frau so leicht, ihre Haushaltspflichten zu vernachlässigen wie der Phlegmatikerin. Sie liebt ihre „Kaffeekränzchen" über alles, und ehe sie sich's versieht, steht Männe vor der Tür. Da Gegensätze einander anziehen, geschieht es nicht selten, daß eine phlegmatische Frau ihren anspruchsvolleren Partner mit ihren Gewohnheiten so aufregt, daß auch das Schlafzimmerleben nicht unberührt davon bleibt. Macht er seinem Ärger Luft, kann es passieren, daß eine sture Phlegmatikerin sich weigert, „die Ordnung wiederherzustellen", womit der Haussegen endgültig schief hängen dürfte. Aus diesem Grund muß sie auf gute Haushaltsführung Wert legen. Ihr Mann wird sie dafür um so mehr achten und besser behandeln und, wichtiger noch, ihre Selbstachtung wird steigen.

4. Dankbar zu sein für einen rücksichtsvollen Liebhaber und starken, zärtlichen Ehemann. Sie braucht einen Liebhaber, der weiß, wie eine Frau am besten funktioniert, und sich die Zeit nimmt, sie zu erregen und zum Orgasmus zu bringen. Beherrscht sie diese Kunst, wird der Wunsch nach diesem Erlebnis stärker sein als ihr Hang zur Passivität, und sie kann sich darin üben, eine aufregende Partnerin zu werden. Er wiederum muß stark und zärtlich sein, ein Mann, der ihr Mut gibt zur Überwindung ihrer Ängste, der sie ermuntert und nicht unterdrückt. Ein kluger Ehemann wird seiner Frau immer wieder versichern, daß er sie liebt und wertschätzt.

5. Die Unfähigkeit, ihre Empfindungen in Worte zu kleiden und sich ihrem Mann und ihrer Familie mitzuteilen, sollte sie zu überwinden lernen. Worte kommen ihr von Natur aus nicht leicht über die Lippen, besonders wenn es um die intimen Dinge ihres Liebeslebens geht. Phlegmatiker müssen sich auf allen Gebieten des Lebens erst einen Ruck geben, und die Liebe ist da keine Aus-

nahme. Paula muß an die Bedürfnisse ihres Partners denken und ihre eigenen vergessen. Dadurch werden beide zu glücklicheren Menschen.

Zusammenfassung

Jedes der vier Temperamente trägt die Fähigkeit in sich, ein liebevoller, befriedigender Ehepartner zu werden. Wie wir gesehen haben, hat jedes seine gewissen Stärken und Schwächen und damit auch die Möglichkeit, auf einem Gebiet zu überragen und auf einem anderen einen Komplex zu entwickeln. Es bedeutet deshalb für jede Partnerin eine Hilfe, das Temperament des geliebten Mannes zu kennen, damit sie weiß, wie sie ihm am besten begegnen kann. Vergessen Sie nicht: Liebe gibt! Wenn eine Frau Liebe schenkt, wird sie soviel Liebe empfangen, wie sie braucht.

Ein Vorteil, die vier Temperamente zu kennen, liegt darin, daß Sie dann besser verstehen, warum Ihr Partner so und nicht anders handelt oder reagiert. Dies wiederum hilft Ihnen, seine individuellen Schwächen anzunehmen, und mit ihnen, nicht gegen sie zu arbeiten.

Wir haben eine reizende sanguinische Freundin mit Namen Molly. Sie erzählte mir, wie Gott die Temperamente dazu benutzte, um einen alteingesessenen „Stein des Anstoßes" aus dem Weg zu räumen, der ihr Liebesleben störte. Ihr Mann, ein Melancholiker/Phlegmatiker, kontrollierte ständig alles, was sie tat. Wenn er sie abends im Bett in die Arme nahm und sie sich dicht an ihn schmiegte und gerade in Stimmung kam, fragte er plötzlich: „Molly, hast du auch die Hintertür abgeschlossen und die Heizung gedrosselt?" Obwohl sie ihm versicherte „Ja, Peter", sprang er regelmäßig aus dem Bett, lief durch Eßzimmer und Küche und kontrollierte die Hintertür und den Thermostat. Bis er wieder ins Bett zurückfand, war ihre Stimmung auf den Nullpunkt gesunken, und sie zeigte ihm die kalte Schulter. Dies wiederholte sich Nacht für Nacht, mit Ausnahme jener, in denen er über seinem Liebeseifer diese nervtötende Frage einfach vergaß.

Eines Abends brachte Peter, von Beruf Buchhalter, mehrere Einkommenssteuererklärungen mit nach Hause, breitete sie auf dem Eßtisch aus und begann zu arbeiten. Molly stand in der Tür und beobachtete ein seltsames Spiel. Viermal addierte er eine Zahlenreihe, schrieb die Lösung jedesmal auf ein Blatt Papier und drehte es um. Nachdem er mit der vierten fertig war, drehte er sie alle wieder um und lächelte in sich hinein – sie stimmten überein, und er übertrug die Summe auf das Steuerformular. Plötzlich kam Molly die Erkenntnis, daß er nicht nur sie kontrollierte, er kontrollierte auch sich selbst, und zwar doppelt und dreifach. Sie war stolz auf seinen Ruf als gewissenhafter Buchhalter, und jetzt erkannte sie, daß das Streben nach Vollkommenheit, das ihm in seinem Beruf soviel Erfolg eingebracht hatte, der gleiche Zug war, der ihn veranlaßte, auch sie zu kontrollieren.

In dieser Nacht war sie für ihn bereit. Er schloß sie in seine Arme, und sie kuschelte sich dicht an ihn wie immer. Als er dann aber fragte: „Molly, hast du auch die Hintertür abgeschlossen, und was ist mit der Heizung?" antwortete sie liebenswürdig: „Alles in Ordnung, aber wenn du lieber nachsehen möchtest, geh nur!" Er stand auf und trottete wieder durch Eßzimmer und Küche. Wie immer war die Tür verschlossen und der Thermostat herabgestellt. Aber als er in dieser Nacht wieder ins Bett zurückkrabbelte, stieß er auf keinen frostigen Eisberg.

Haben sie das Temperament Ihres Mannes erst einmal diagnostiziert, können Sie seine Eigenschaften in Betracht ziehen und liebevoll nutzen, statt sich an ihnen wundzureiben.

Scheidung oder Tod

Zu den schrecklichsten Erlebnissen im Leben einer Frau zählt der Tod ihres Partners – an zweiter Stelle steht die Scheidung. In seinem Buch „Ausweg aus Depressionen" berichtet mein Mann von einem Krisenbarometer, das von Dr. Thomas Holmes, Professor der Psychiatrie an der Medizinischen Fakultät der Universität von Washington, entwickelt wurde. Dieses System gibt Aufschluß über die Intensität der seelischen Belastung, die jede Lebenskrise verursacht. Auf einer Liste mit 43 Ereignissen erreichte der Tod eines Ehepartners die höchste Punktzahl, nämlich 100. An zweiter Stelle rangierte die Scheidung mit 73 Punkten. Entscheidender als die Intensität der Krise ist die seelische Einstellung, mit der man ihr begegnet. Wenn eine Frau diesen großen Nöten mit dem Mut und der Hoffnung begegnet, die ihr der himmlische Vater schenken will, wird sie sie überwinden können.

Ich habe mit Menschen, die solches Leid durchlitten haben, geweint, gebetet und gerungen. In Vorbereitung für die Abfassung dieses Kapitels habe ich jedes Buch, jeden Artikel zu diesem Thema gelesen, die ich in die Finger bekommen konnte. Und ich habe festgestellt, daß es eine Hoffnung gibt für die Frau, die bereit ist, ihren Blick von sich selbst wegzuwenden und aufzuschauen auf den Herrn Jesus, um von ihm Hilfe und Kraft zu empfangen.

„Gott ist unsere Zuversicht und Stärke, eine Hilfe in den großen Nöten, die uns getroffen haben" (Psalm 46,2).

Verwitwete und geschiedene Frauen gehen vermutlich

durch größere Tiefen als alle anderen, aber Gott hat die Voraussetzung dafür geschaffen, daß auch ihr Leben wieder in geordneten Bahnen verlaufen kann. Er kann die Wogen glätten. Was not tut, ist eine tägliche, ja stündliche Erneuerung des inwendigen Menschen, die tägliche Gemeinschaft mit dem himmlischen Vater.

„Das alles dient doch euch zum Besten. Denn je reicher der Strom der Gnade fließt, um so mehr Menschen lernen danken und diese Gnade zur Ehre Gottes preisen. Darum also verzagen wir nicht, sondern wenn auch unser äußerer Mensch aufgerieben wird, so wird doch der innere Mensch von Tag zu Tag erneuert. Denn das gegenwärtige Leiden wiegt leicht gegenüber dem überreichen Maß und der ewigen Fülle von Herrlichkeit. Nur dürfen wir unseren Blick nicht lenken auf das, was wir vor Augen haben, sondern auf das, was wir noch nicht sehen. Denn das Sichtbare ist zeitlich (und vergänglich), das Unsichtbare ist ewig" (2. Korinther 4,15-18 Bruns).

Sieg über den Trennungsschmerz

Als geschiedene Frau stehen Sie durchaus nicht allein. Kürzlich wurde folgende Scheidungsstatistik veröffentlicht:

Bei den 30jährigen Ehefrauen ist eine von dreien geschieden oder wird geschieden. In 21% aller Ehen wurde mindestens ein Partner schon einmal geschieden. Jedes sechste Kind verliert bis zu seinem 18. Lebensjahr ein Elternteil durch Scheidung. Im Jahre 1975 hat die Zahl der Scheidungen zum ersten Mal in der amerikanischen Geschichte die Millionengrenze überschritten. In Deutschland wurden 1981 ca. 359.000 Ehen geschlossen, aber fast 110.000 geschieden.

Statistiken dieser Art ließen sich beliebig ergänzen, doch besteht keine Notwendigkeit dazu, da sich die meisten Menschen heute dieser Tragödie in unserer modernen Gesellschaft sehr wohl bewußt sind. Wichtig ist, daß wir wissen, wie wir mit den Problemen, die eine Scheidung mit sich bringt, fertig werden können.

In den stürmischen Tagen, die der Scheidungsverhandlung vorausgehen, steigen Gefühle des Zorns und der Bitterkeit in Ihnen auf – Zorn, weil Sie der Meinung sind, daß Ihnen jemand Unrecht getan und Sie ausgenutzt hat, und Bitterkeit, weil ihnen die Umstände, in denen Sie sich befinden, zuwider sind und Sie ihnen scheinbar hilflos ausgeliefert sind. Es führt nur ein Weg aus diesem Dilemma heraus, nämlich der, daß Sie den Herrn bitten, Ihnen einen versöhnlichen Geist zu schenken. Halten Sie sich an das Wort aus Epheser 4: „Betrübet nicht den heiligen Geist.‟

Aller Zorn, alle Bitterkeit müssen abgelegt werden, ja uns wird befohlen, einander freundlich zu begegnen und zu vergeben, wie Gott uns vergeben hat. Wenn Gott willens und in der Lage ist, beiden Partnern zu vergeben, dann sollten wir dies erst recht tun können.

Auf die Zeit der Bitterkeit und des Zorns folgt gewöhnlich ein Gefühl des Verlassenseins und der Schuld. Sie fühlen sich verstoßen, weil jemand, den Sie einst geliebt haben, so sehr, daß Sie mit ihm vor den Traualtar getreten sind, Ihnen wehgetan und Sie von sich gestoßen hat, entweder wegen einer anderen Frau oder weil „er‟ lieber allein bleiben will. Vielleicht empfinden Sie Schuld darüber, daß Sie nicht anders gehandelt haben, solange noch Gelegenheit war, oder nicht bereit waren, Ihrer Ehe noch eine Chance zu geben. Auch hier gilt: Solange Sie auf Ihre Versäumnisse blicken und auf das, was hätte sein können, wird es keinen Sieg in Ihrem Leben geben. Erst wenn Sie Ihre Schuld vor Christus bringen und ihm danken für alles Hindurchtragen durch die Schwierigkeiten der Vergangenheit, erst wenn Sie Ihre Zukunft in seine Hand legen, werden Sie innerlich zum Frieden kommen und in der Lage sein, ein sinnvolles, erfülltes Leben zu führen.

Wenn Sie der Überzeugung sind, daß das Leben Ihnen übel mitgespielt habe, werden Sie bald in Selbstmitleid versinken über all den schmerzlichen Erfahrungen, die Sie durchmachen mußten, nur weil ein Mann Sie enttäuscht hat. Sicher leiden Ihre Kinder unter der Trennung ihrer Eltern, und wieder bedauern Sie sich, weil Sie ihnen keine geordneten und gesicherten Familienverhältnisse bieten konnten. Selbstmitleid führt immer in die Depression. Ihre Kinder leiden nicht nur, weil Heim und Familie zerrüttet sind, sondern auch, weil ihre Mutter sich in ihren Kummer vergräbt und unfähig ist, ihnen ihr Bestes zu geben. Gerade in einer solchen Zeit ist es wichtig, daß zumindest ein Elternteil einen klaren Kopf behält, eines, von dem sie die Kraft und Liebe schöpfen können, die sie brauchen. Eine Mutter muß erkennen, daß die Verantwortung, das seelische und geistliche Leben ihrer Kinder zu formen, allein bei ihr liegt. Deshalb sollte ihr Blick über ihre eigenen Bedürfnisse hinaus auf die ihrer Familie gerichtet sein.

Vor einiger Zeit erzählte mir eine junge Frau folgende Geschichte: Ihr Mann hatte sie wegen einer anderen Frau verlassen, und sie mußte ihre beiden Kinder nun allein großziehen. Er war in eine andere Stadt gezogen, so daß er die Kinder oft monatelang nicht sah. Als er einmal wieder durch ihre Stadt kam, rief er an, um zu fragen, ob er die Kinder besuchen dürfe. Sie tat ein weiteres und lud ihn sogar zum Essen ein, damit er etwas mehr Zeit mit ihnen verbringen konnte. Im Verlauf des Abends fiel ihr auf, daß er immer wieder ziemlich unbehagliche Blicke auf einen Wandspruch warf, der lautete: „Du sollst deinen Vater und deine Mutter ehren." Je öfter er darauf blickte, desto unruhiger wurde er. Schließlich sagte er: „Die Kinder hassen mich vermutlich."

„Im Gegenteil", antwortete sie rasch, „jeden Abend vor dem Schlafengehen beten sie für dich und danken Gott für ihren Vati. Ich habe ihnen niemals von unseren

Problemen erzählt. Sie wundern sich nur manchmal, warum sie ihren Vater so selten zu sehen bekommen." Diese weise Mutter hatte sich sehr früh in ihrer Scheidung gesagt, daß noch wichtiger als ihre eigenen Probleme das Bedürfnis ihrer Kinder sei, ein so normales Leben zu führen, wie sie es ihnen nur geben konnte. Im Geben durfte sie feststellen, daß auch sie Glück und innere Befriedigung daraus schöpfte. Die kleine Familie hatte den heilenden Balsam erfahren, der aus dem selbstlosen Herzen und der dankbaren Gesinnung einer Mutter herrührt.

Will sie ihr Selbstmitleid und ihre Depression überwinden, muß sich die geschiedene Frau ein dankbares Herz erbitten.

„Seid dankbar in allen Dingen, denn das ist der Wille Gottes in Christo Jesu an euch" (1. Thessalonicher 5,18).

Depression und Dankbarkeit schließen einander aus. Deshalb kann eine deprimierte Frau unmöglich gleichzeitig ein dankbares Herz haben. Viele Dinge wollen im Glauben angenommen werden, aber wir werden aufgefordert, in allen Dingen dankbar zu sein!

Dann ist da das furchtbare Gefühl der Einsamkeit, das mit dem endgültigen Spruch des Richters einsetzt: „Die Ehe ist geschieden." Eine Frau, die in besonderer Weise von ihrem Mann abhängig gewesen ist, wird sich nun, da sie ohne ihn auskommen muß, schrecklich allein vorkommen. Ich kenne Frauen, die an ihrer Unfähigkeit, mit Lappalien wie einem umgestürzten Glas Milch oder einem bellenden Hund fertig zu werden, verzweifelt sind. In vielen Fällen hat sich ihr Wertbewußtsein so um ihren Mann gedreht, daß sie ohne ihn keinen Lebensmut mehr hat. Ich kenne zum Beispiel eine Frau, die, nachdem ihr Mann sie verlassen hatte, in Drogen und Alkohol Zuflucht suchte. Sie war überzeugt, total versagt zu haben, und war nicht in der Lage, mit der Wirklichkeit fertig zu werden. Sogar der Selbstmordversuch, den sie unternahm, mißlang. Ihr Selbstwertgefühl war so gering, daß sie beinahe daran zugrunde gegangen wäre. Eine Frau, die genügend Selbstachtung besitzt, wird auch in der Lage sein, sich aus der Einsamkeit herauszureißen und eine Aufgabe zu finden, die ihr Selbstwertgefühl steigert und ihrem Leben wieder einen Sinn gibt.

Wie kann nun eine Frau ein stärkeres Selbstbewußtsein erlangen? Zunächst einmal dadurch, daß sie sich an den Befehl in Römer 12,3 hält: „Ein jeder sei bescheiden, nach dem Maß des Glaubens, das Gott einem jeden verliehen hat." Schätzen Sie sich danach ein, was Gott für Sie getan hat. Wenn Christus in uns ist, besitzen wir eine gute Grundlage, uns selbst zu akzeptieren. „Nicht ich, sondern Christus in mir" – das ist es, was mich zu einem brauchbaren Menschen macht. Nehmen Sie sich an als das, was Sie sind, eine besondere Schöpfung aus Gottes Hand, und danken Sie ihm schon heute für das, was er in Zukunft aus Ihrem Leben machen wird.

Es wird auch Zeiten der Enttäuschung geben, wenn die Hilfe ausbleibt, die Sie eigentlich von Ihren Freunden erwartet hatten. Möglicherweise werden Sie unglücklich Verheiratete neidvoll ansehen und denken: „Die hat es geschafft – die ist unabhängig und frei!" Andererseits sind Sie vielleicht auch Meinungen ausgesetzt wie: „Die hat gekriegt, was sie verdient hat!" Bedauerlicherweise gibt es immer wieder Menschen, die mit Kritik und Verurteilung schneller bei der Hand sind als mit Hilfe. Verurteilt zu werden tut weh, und vielleicht werden dadurch auch Schuldgefühle in Ihnen wach. Vergessen Sie nicht, daß Gott Ihnen vergeben hat, wenn Sie ihm Ihre Schuld bekannt haben. Können sie sich selbst auch vergeben? Zu der Frau, die beim Ehebruch ertappt worden war, sagte Jesus: „So verdamme ich dich auch nicht, gehe hin und sündige hinfort nicht mehr." Wenn Sie Ihre Sünde bekannt haben, dann hat Gott Ihnen vergeben. Wenn aber der allmächtige Gott Ihnen vergeben hat, sollten auch Sie sich nicht mehr mit Schuldgefühlen und Vorwürfen quälen.

In dieser Situation entwickeln Frauen leider die Neigung, vorübergehend in negative Lebensgewohnheiten zu verfallen. Dies schadet nicht nur der Frau selbst, sondern auch ihren Kindern, und erzeugt eine ungesunde Einstellung. Der nackten Realität ins Auge zu sehen ist besser, als sich ihr zu verschließen. Machen Sie einmal Selbstinventur, schauen Sie gründlich in sich hinein, um festzustellen, was sich ändern muß, und dann bitten Sie Gott, Ihnen zu helfen, die Dinge zu akzeptieren, die nicht zu ändern sind.

Wir alle müssen durch Erfahrungen lernen, und jeder muß seine eigenen Erfahrungen machen. Für die einen scheint der Weg schwerer zu sein als für andere. Wichtig ist jedoch, daß wir unsere Lektion lernen. Wenn Sie sie gut gelernt haben, können Sie zu einer Quelle der Hilfe und des Trostes für andere werden. Um Sie herum gibt es Dutzende von Frauen, die durch die gleiche Not und das gleiche Leid gehen, das Sie durchgemacht haben. Hier liegt eine großartige Möglichkeit zum Dienst, vorausgesetzt, Sie haben dem Heiligen Geist erlaubt, Sie zu trösten und Ihr Leben in die Hand zu nehmen.

„... der uns tröstet in aller unser Trübsal, daß wir auch trösten können, die da sind in allerlei Trübsal, mit dem Trost, damit wir getröstet werden von Gott. Denn gleichwie wir des Leidens Christi viel haben, also werden wir auch reichlich getröstet durch Christum" (2. Korinther 1,4-5).

Kann Gott oder kann er nicht? Kann er Ihnen über die Einsamkeit eines Heiligen Abends hinweghelfen? Kann er Ihnen helfen, Ihre sexuellen Wünsche zu zügeln? Wird er Ihnen die nötige Kraft geben, der Versuchung zu widerstehen? Kann er Sie vor den Gefahren eines Lebens als alleinstehende Frau bewahren? Diese Fragen ließen sich endlos fortsetzen. Wenn Gott in einem Punkt helfen kann, kann er in allen helfen.

„Mein Gott aber fülle aus alle eure Notdurft nach sei-

nem Reichtum in der Herrlichkeit in Christo Jesu"
(Philipper 4,19).

Bis daß der Tod uns scheidet

Die Witwe ist vielfach von den gleichen seelischen Nöten
betroffen wie die geschiedene Frau – Einsamkeit, Selbstmitleid, Angst, Depression. Doch dazu gesellen sich Leid
und Trauer über den Verlust des Ehemannes. In vielen
Fällen mußte die Frau ihren Mann mit eigenen Augen
sterben sehen. Niemand kann ergründen, warum ein in-
nig geliebter Ehemann weggenommen wird, außer daß es
in Gottes Plan so beschlossen war. Es übersteigt unser
Wissen und Verstehen, und wir können die Zukunft nur
in die Hand unseres himmlischen Vaters legen.

Einer Witwe und ihren Kindern werden von allen Seiten Hilfe und Mitgefühl entgegengebracht, weil die meisten Menschen der Überzeugung sind, daß sie ihr Schicksal nicht verdient hat. Sie muß nicht mit Schuld und Ablehnung fertig werden wie die geschiedene Frau. Dennoch läuft auch sie Gefahr, wenn sie ihre Gedanken nur
um sich und ihre Probleme kreisen läßt, daß sie mit der
Zeit zu einer selbstmitleidsvollen „Wehe mir"-Einstel-
lung gelangt.

Größte Vorsicht ist geboten, wenn die ehemals verheiratete Frau wieder einen Mann kennenlernt. Dies gilt
gleichermaßen für Witwen wie für geschiedene Frauen.
Vielfach fühlen sich Männer in Gesellschaft einer Frau,
die schon einmal verheiratet war, freier und ungehemm-
ter. Weil sie keine Jungfrau mehr ist, neigen Männer zu
der Annahme, daß ihr der Schritt zur Intimität leichter
fällt. Mitunter bilden sie sich auch ein, daß sie der Frau,
weil diese die körperliche Liebe bereits erfahren und
möglicherweise Appetit darauf entwickelt hat, helfen,
wenn sie sich sexuell mit ihr einlassen.

Die verwitwete oder geschiedene Frau braucht ihre moralischen Prinzipien nicht über Bord zu werfen, wenn sie eine Freundschaft eingehen oder sich wieder verheiraten möchte. Gott bekennt sich zu denen, die den Mut haben, standhaft zu bleiben und an ihren Grundsätzen festzuhalten. Opfern Sie deshalb das Ewige nicht auf dem Altar des Augenblicks.

Die Einsamkeit der Witwe wiegt schwer, denn sie hat sich von jemandem trennen müssen, den sie liebte. Frauen in dieser Situation haben mir erzählt, daß für sie die schwerste Zeit des Tages kurz nach Sonnenuntergang einsetzt. Es gibt mehrere Möglichkeiten, damit fertig zu werden. Ein Mittel ist, sich etwas vorzunehmen, damit es immer etwas gibt, worauf Sie sich in der allernächsten Zukunft freuen können. Vielleicht können Sie regelmäßig einen Abendbibelkreis belegen oder sogar Interesse für ein neues Hobby entwickeln. Witwen zählen zu den besten freiwilligen Helferinnen in unseren Krankenhäusern. Was immer Sie auch tun – wichtig ist vor allem, den Blick von sich selbst abzuwenden und zu wissen, daß Gott Ihre Zuflucht und Hilfe ist.

Einsam zu sein ist keine Sünde, noch ist es ein Zeichen der Schwäche. Gott schuf uns mit dem Bedürfnis nach Gemeinschaft. Und weil er uns ihm zum Bilde schuf, brauchen wir auch seine Gemeinschaft. Wir tun gut daran, sowohl die Gemeinschaft mit Gott als auch das Zusammensein mit anderen Menschen zu suchen. Entscheidend ist, daß wir das Gleichgewicht zwischen beiden wahren und nicht das eine zugunsten des anderen vernachlässigen. Anhaltende Einsamkeit läßt auf einen Mangel in einem oder beiden dieser gottgegebenen Bedürfnisse schließen.

Viele wohlmeinende Ehepaare versuchen, eine Frau, die infolge von Scheidung oder Tod allein ist, in ihre gesellschaftlichen Vorhaben mit einzubeziehen. Sie wird sich dadurch nur um so mehr allein fühlen; alle anderen haben einen Partner, nur sie kehrt einsam in ein leeres Haus zurück. Ehepaaren, die sich alleinstehender Frauen angenommen haben, möchte ich den Rat geben, lieber zwei einzuladen, damit sie sich nicht wie das fünfte Rad am Wagen vorkommen. Eine Frau, die in dieser Situation stand, erzählte mir einmal, daß sie unter den Versuchen ihrer Bekannten, sie mit einzubeziehen, derart litt, daß sie bald alle Einladungen ablehnte. Zwar war es ihr ein Bedürfnis, unter Menschen zu sein, doch versetzte sie jeder Abend mit Freunden in einen so jämmerlichen Zustand, daß sie lieber darauf verzichtete. Nicht lange danach lernte sie eine andere Witwe kennen, der es ähnlich ging. Die beiden wurden Freundinnen und ließen sich nun gemeinsam, statt getrennt, einladen. Und als sie weitere alleinstehende Frauen kennenlernten, bezogen sie auch diese in ihre Unternehmungen mit ein. Die beiden Frauen wurden bald zum Mittelpunkt einer Gruppe, die vieles gemeinsam unternahm. Da eine von ihnen über hervorragende Bibelkenntnisse und die Gabe der Bibelauslegung verfügte, beschlossen sie, einmal wöchentlich zu Bibelstudium und Gemeinschaft zusammenzukommen. Sie wurden zu begeisterten Hockeyfans, und statt zu zweit die Spiele zu besuchen, bildeten sie meist eine Gruppe von acht bis zehn. Als ich das letzte Mal von ihnen hörte, planten diese Frauen in allernächster Zeit eine Reise nach Deutschland. Ob etwas daraus wird oder nicht, sie hatten auf alle Fälle das Vergnügen, Reisepläne zu schmieden und sich darauf zu freuen. Seit sie gelernt haben, ihr Leben mit anderen Frauen zu teilen und einander zu helfen, machen sie keinen einsamen Eindruck mehr.

Wir waren lange Jahre mit einem reizenden Ehepaar befreundet, das zwei Töchter hatte. Es war nicht zu übersehen, daß der Mann seiner Familie eine Quelle der Kraft war und dafür sorgte, daß Christus der Mittelpunkt ihrer Familie war. Es war deshalb ein schmerzlicher Schlag für seine Frau, als er unerwartet einen Herzanfall erlitt und der Herr ihn nach nur kurzem Krankenlager zu sich rief. So sehr hatte sich diese Frau in allen Dingen auf ihren Mann verlassen, daß ihre Kenntnisse in geschäftlichen Angelegenheiten nicht einmal ausreichten, um ihren Haushalt zu führen. Sie mußte Entscheidungen treffen, mit denen sie niemals zuvor konfrontiert worden war. Ihre Töchter brauchten gerade jetzt ihre Kraft und Sicherheit. Sie drohte, unter der Last zusammenzubrechen. Es war, als stürze für sie die ganze Welt ein. In ihrer Unsicherheit, ihrer Angst und ihrem Kummer zog sie sich von ihren Freunden zurück. Zwar brauchte sie diese jetzt nötiger als je zuvor, dennoch zog sie es vor, sie aus ihrem Leben auszuschließen. Einsamkeit setzte ein. Ihr Selbstwertgefühl schwand zunehmend. Ihr gottgegebenes Verlangen und Bedürfnis nach Gemeinschaft waren aus dem Gleichgewicht geraten. Und mit dem Verzicht auf das Zusammensein mit Menschen kam auch die Vernachlässigung ihrer Gemeinschaft mit Gott. Es war ein Jammer, zusehen zu müssen, wie diese Familie vor unseren Augen immer mehr zerfiel. Der Wandel kam nicht von heute auf morgen, aber nach viel Gebet und Drängen gelang es ihren Freunden, sie aus ihrer Einsamkeit herauszuziehen und zu bewegen, wieder unter Menschen zu gehen. Es schien, als ginge ihre zunehmende Gemeinschaft mit Menschen Hand in Hand mit ihrem geistlichen Wachstum und ihrer Gemeinschaft mit Christus.

Der Herr Jesus verheißt allen ein erfülltes Leben, die zu ihm kommen und dem Heiligen Geist erlauben, ihr zerbrochenes und aus den Fugen geratenes Leben in die Hand zu nehmen. Das gilt auch für die Frau ohne Ehemann.

„Ich bin gekommen, daß sie das Leben und volle Genüge haben sollen" (Johannes 10,11).

Jede Frau kann Gott dienen

„Das könnte ich nie!" lautet die Antwort vieler Frauen, die allen Ernstes meinen, sie seien unfähig, einen bestimmten Dienst für Gott zu tun. Dabei wünschen die meisten von ihnen insgeheim, daß sie es könnten.

In der Reichsgottesarbeit gibt es für jede Frau, unabhängig von ihrem Temperament, einen geeigneten Platz. Gewiß werden viele Frauen niemals eine Pianistin, andere können niemals Solo oder auch nur in einem Chor singen, und wieder andere niemals eine Bibelklasse unterrichten. In den meisten Fällen aber sind wir viel zu voreilig mit der Behauptung, der einen oder anderen Aufgabe nicht gewachsen zu sein, ohne zuvor den himmlischen Vater nach seiner Meinung und seinem Willen für uns gefragt zu haben.

Jedes Temperament besitzt von Natur aus, auch in bezug auf den Dienst im Reiche Gottes, bestimmte Schwächen. Wenn der Heilige Geist aber unser Leben bestimmt, können wir sagen: „Ich vermag alles durch den, der mich mächtig macht, Christus" (Philipper 4,13). Lassen wir Jesus Christus darüber entscheiden, was dieses „Alles" sein soll. Wichtig ist, daß jede von uns einen Aufgabenbereich hat, damit wir uns im Gehorsam üben und in unserem geistlichen Leben vorwärtskommen. Wenn wir die Gaben und den Segen, den Gott für uns bereithält, in Anspruch nehmen, sie aber niemals mit anderen teilen, kommt unsere geistliche Entwicklung zum Stillstand. Gott hat uns Kraft verheißen, wenn wir unserer-

seits einen willigen Geist und ein Herz, das ihm hingege-
ben ist, einbringen.

Die musikalische Melancholikerin

Martha würde sich niemals freiwillig zu einem Dienst
melden, ohne vom Heiligen Geist dazu motiviert worden
zu sein. Besitzt sie dazu noch sanguinische Eigenschaften, kann es passieren, daß sie sich zunächst anbietet, ihren Schritt später aber wieder bereut. Ihr geringes Selbstwertgefühl und ihre pessimistische Natur vermitteln ihr
das Gefühl, daß sie für nichts zu gebrauchen sei. Aus diesem Grund arbeitet sie lieber mit Kindern als in ihrer eigenen Altersgruppe. Kinder akzeptieren sie so, wie sie
ist, dagegen könnten ihre Altersgenossen ihr die Fähigkeit für die jeweilige Aufgabe absprechen.

Da die Melancholikerin im allgemeinen über künstleri-
sche Gaben und Fähigkeiten verfügt, ist anzunehmen,
daß sie auch musikalisch ist. Von diesem Talent wird sie
jedoch nur zögernd Gebrauch machen wollen. Einerlei,
wie lange sie übt, ihre Leistungen werden nie ihren Erwartungen entsprechen.

Man sollte sie lieber nicht an einen Platz stellen, an
dem sie viel mit Fremden zu tun hat. Dann nämlich könnte es passieren, daß sie sich abkapselt und in ihrer Arbeit
unglücklich ist. Sie lebt in ihrer eigenen Welt und eignet
sich infolgedessen auch kaum für die Seelsorge.

Ihre Stärke liegt auf einem ganz anderen Gebiet – in
der Buchführung beispielsweise, und in solchen Aufgaben, die mit viel Detailarbeit verbunden sind. Man kann
sie mit einer Reihe von Dingen betrauen, mit der Anwe-
senheitsliste der Sonntagsschule oder den Kassenbüchern
der Gemeinde. Sie arbeitet mit Sorgfalt und System und
gilt als gute Buchhalterin. Was immer sie auch in Angriff
nimmt, man kann sich hundertprozentig auf sie verlassen.

Einschränkend muß allerdings gesagt werden, daß Martha nicht allzuviel in Angriff nimmt. Sie haushaltet mit ihren Kräften. Hat sie aber einmal etwas angefangen, führt sie es auch zu Ende.

Wenn sie mit dem Heiligen Geist erfüllt ist, bekommt Martha die Fähigkeit, viele Dinge zu tun, die ihr schwerfallen und ihrem natürlichen Temperament fremd sind. Ich habe schon Melancholikerinnen erlebt, die so aufgeschlossen und selbstsicher wurden, daß man sie nicht mehr wiedererkannte.

Zu den Diensten und Aufgaben in unserer Gemeinde gehört die Begrüßung der Gottesdienstbesucher am Eingang. Jeden Sonntag wird ein anderes Ehepaar dazu bestimmt, ungefähr eine halbe Stunde vor Beginn des Gottesdienstes am Portal zu stehen. Jeder, der hereinkommt, wird mit einem Händedruck und ein paar warmen Worten empfangen. Ich finde dies eine wunderbare Einrichtung, denn ich weiß vorher nie, wen ich dort antreffen werde, und nicht selten ist es ein Paar, das ich noch nicht besonders gut kenne. Hier ist ein Dienst, den Ehepaare gemeinsam tun können. Weil Gegensätze in der Ehe einander bekanntlich anziehen, kommt es häufig vor, daß ein Partner auf die Leute zugeht, während der andere sich mehr zurückhält. So auch hier. Gewöhnlich greift einer von ihnen schon nach der Hand des Besuchers, noch ehe dieser überhaupt durch die Tür ist, während der andere noch zögert. Eines Sonntags jedoch fiel ich aus allen Wolken. Nicht nur einer, nein, gleich beide packten mich an der Hand und zogen mich förmlich durch die Tür. War das ein Empfang! Und wie ungewöhnlich, zwei so kontaktfreudige Partner anzutreffen! Später erfuhr ich, daß die Frau erst vor kurzem mit dem Heiligen Geist erfüllt worden war. Davor hatte es eine Zeit gegeben, in der sie sich geweigert hatte, sich an die Tür zu stellen und die Leute zu empfangen. Ihr Selbstwertgefühl war so gering gewesen, daß sie sich nicht hatte vorstellen können, daß überhaupt jemand Wert darauf legen könnte, ihr die Hand zu schütteln. Der Heilige Geist kann einen Menschen wirklich umkrempeln! Heute erfüllt sie die Aufgabe, Menschen zum Gottesdienst willkommen zu heißen. Und Gott ist noch nicht mit ihr fertig. Es dürfte interessant sein, zu sehen, welche Aufgaben er ihr noch zugedacht hat.

Die passive Phlegmatikerin

Paula gehört ebenfalls zu denjenigen, die sich lieber abseits halten, wenn sie nicht gerade zu einem Dienst gedrängt werden. Meistens gibt sie sich mit der Rolle der Zuschauerin zufrieden, denn Aktivität war noch nie ihre Stärke. Ist sie jedoch erst einmal motiviert und herausgefordert, kann man damit rechnen, daß sie ihre Sache ausgezeichnet macht. Dank ihres zuverlässigen und beständigen Wesens ist es ein Vergnügen, mit ihr zusammenzuarbeiten.

Weil sie ein so sanfter, gutmütiger Mensch ist, mit dem man gut auskommt, eignet sie sich großartig zur Kinderarbeit. Kinder spüren, daß ihre Freundlichkeit und Wärme echt sind, und finden rasch Kontakt zu ihr. Sie hat alle Voraussetzungen für eine gute Lehrerin.

Ihr eilige Aufgaben aufzutragen wäre nicht ratsam. Zwar versieht sie, wie bereits erwähnt, ihre Sache ausgezeichnet, doch ist sie andererseits auch für ihre Langsamkeit bekannt, bedingt durch sehr gewissenhaftes und gründliches Arbeiten. Wenn sie unter Druck gesetzt wird, erbringt sie durchaus gute Leistungen, allerdings widerstrebt es ihr, in eine solche Situation hineinmanövriert zu werden.

Es liegt in ihrer Natur begründet, daß die Belange ihrer Mitmenschen sie nicht allzu stark berühren, ein Umstand, der sie gleichgültig gegen die Bedürfnisse anderer erscheinen läßt. Wegen ihrer Gelassenheit und ihrer Fähigkeit, sich neutral zu verhalten und ein Problem von beiden Seiten zu betrachten, zeichnet sie sich allgemein als gute Seelsorgerin aus.

Für Paula gilt das gleiche wie für Martha. Der Heilige Geist kann sie zu sehr vielen Dingen befähigen, die ihrem natürlichen Temperament widersprechen. Voraussetzung dazu ist allerdings, daß sie ihr Leben ganz unter seine Herrschaft stellt. Ich habe einmal die Wandlung einer äußerst phlegmatischen Frau miterlebt. Anfangs war sie überaus sparsam mit ihrem Engagement und schützte sich vor allen äußeren Einflüssen, die sie dazu hätten bewegen können, aktiv zu werden. Es war, als hätte sie sich hinter einem undurchdringlichen Schutzwall verschanzt. Selbst ihren Aufgabenbereich – die Kinderarbeit – engte sie ein: Bei Kindern fühlte sie sich wohl und konnte diese Aufgabe aus eigener Kraft erfüllen, ohne sich allzu sehr auf Gott verlassen zu müssen. Schließlich bekam dieser Schutzwall dann doch einen Riß, und der Heilige Geist konnte zu ihr durchdringen. Es war eine Freude, den Wandel zu beobachten, der sich in den darauffolgenden Monaten in dieser Frau vollzog. Sie lieferte ihr Leben voll und ganz Christus aus und betete, mit dem Heiligen Geist erfüllt zu werden. Ja, sie bat sogar darum, in einem anderen Aufgabengebiet eingesetzt zu werden, in dem sie ausschließlich von der Kraft des Heiligen Geistes abhängig sein würde. Und so geschah es auch. Heute befindet sie sich, bildlich gesprochen, auf einem geistlichen Ast, der nur von ihrem himmlischen Vater gehalten wird. Sollte er loslassen, hätte sie keine Möglichkeit, sich selbst zu retten. Das ist totale Abhängigkeit von Christus.

Die begabte Cholerikerin

Diese Dame ist genau das Gegenteil von Martha und Paula, die beide Probleme mit ihrem Selbstwertgefühl haben.

Clara besitzt ein Übermaß an Selbstsicherheit und ist von sich und ihren Fähigkeiten absolut überzeugt. Aus diesem Grund dürfte sie sich kaum an einem Unternehmen beteiligen, in dem sie nicht die erste Geige spielt und alle Fäden in der Hand hält. Das Unvermögen anderer regt sie derart auf, daß sie eine Sache lieber im Alleingang durchzieht.

Ihr Organisationstalent und ihre Handlungsfähigkeit bieten die Gewähr, daß am Ende etwas Brauchbares herauskommt. Widrige Umstände können sie nicht aufhalten, im Gegenteil, sie wirken belebend und fordern sie nur noch mehr heraus.

Ihr Pioniergeist ist ein echter Vorteil bei der Inangriffnahme und Organisation einer neuen Aufgabe. Ihre Selbstmotivation und Zielstrebigkeit treiben sie zur Tat und bewirken, daß sie eine begonnene Aufgabe auch zu Ende führt.

Gewöhnlich legt sie keinen Wert darauf, seelsorgerlich tätig zu werden, weil sie weder die Zeit noch das Interesse für die Probleme anderer aufbringt. Vermutlich wäre sie höchst ungeduldig gegenüber den Schwächen derer, die sie zur Beratung aufsuchten.

Mit einer Arbeit an Kindern sollte man sie lieber auch nicht betrauen. Ungeduldig und leicht erregbar, wie sie nun einmal ist, würde sie sich über die mit der Kinderarbeit verbundenen Bedingungen nur ärgern.

Hervorragend eignet sie sich dagegen als Vorsitzende eines Komitees oder Ausschusses. Manche werden ihren Führungsstil vielleicht als den eines Diktators empfinden, doch nur aufgrund ihres Verlangens und Strebens, die ihr gesetzten Ziele zu erreichen. Bei der Verfolgung dieser Ziele kann es allerdings passieren, daß sie mit anderen zusammenstößt, ja, sie sogar umrennt. Wer mit einer Cholerikerin zusammenarbeitet, tut gut daran, mit ihr Schritt zu halten, oder wenn ihm das nicht gelingt, ihr tunlichst aus dem Weg zu gehen. Der Heilige Geist kann jedoch selbst diese Eigenschaften ihres Temperaments mildern und ändern, um sie angenehmer im Umgang und empfindsamer und zartfühlender gegen ihre Mitarbeiter werden zu lassen.

Einen Sommer über war eine sehr fähige Clara mit der Leitung unserer Ferienbibelschule betraut. Sie hatte die Aufgabe recht spät übernommen, nachdem alle anderen abgelehnt hatten. Als sie merkte, daß sie sich wegen des Zeitverlustes mehr beeilen mußte als gewöhnlich, stürzte sie sich mit Rekordtempo in die Programmplanung. Niemals habe ich solch zügig zusammengestellte Vorbereitungsstunden erlebt, von der Planung der Freizeitbeschäftigungen und der Materialbestellung ganz zu schweigen. In Windeseile hatte sie das Personal für die Bibelschule zusammen, und zum allgemeinen Erstaunen war bis zum Eröffnungstag alles bereit und in bester Ordnung. Nach außen hin war das Programm reibungslos und zügig abgelaufen, darunter aber schwelten die Kampfwunden und Narben jener, die ihr auf ihrem Eilmarsch zum Ziel im Wege gestanden hatten. Schließlich probten die Verwundeten einen Aufstand und begannen, einer nach dem anderen abzuspringen. Der Pastor hatte alle Hände voll zu tun, die von Clara zugefügten Wunden zu verpflastern und geistliche Verbände anzulegen in dem Bemühen, Frieden und Eintracht wiederherzustellen. Es gelang ihm auch, einen Teil der Verwundeten zu retten, und der Bibelschulbetrieb konnte aufrechterhalten werden. Wieviel mehr aber wäre erreicht worden, wenn sich Clara vom Heiligen Geist hätte leiten lassen. Offenbar war sie der Meinung gewesen, alles allein bewerkstelligen zu müssen. Gott war bereit, ihre Stärken zu gebrauchen und sie mit Organisations- und Leitungsaufgaben zu betrauen, sie dagegen brauchte seine Hilfe, um Liebe zu üben und auf die Bedürfnisse ihrer Mitmenschen einzugehen. Choleriker müssen sich der Herrschaft des Heiligen Geistes unterordnen!

Die spritzige Sanguinikerin

Dieses fröhliche Mädchen gehört zu den Aktivsten in der Reichsgottesarbeit. Sie ist überaus diensteifrig und bietet bereitwillig ihre Hilfe in den verschiedensten Bereichen an. Leider läßt ihre Selbstdisziplin sehr zu wünschen übrig. Sie ist unpünktlich, und auf ihre Zusagen ist herzlich wenig Verlaß.

Kinder lieben Susi, weil sie es glänzend versteht, Geschichten zu erzählen. Sie kann sie so dramatisieren und ausschmücken, daß die Gestalten und Begebenheiten in ihren Geschichten für die Jungen und Mädchen lebendig werden. Weil sie keine Hemmungen kennt, fällt es ihr leicht, ganz auf die Kinder einzugehen und sich unbefangen an ihren Spielen und Ideen zu beteiligen. Sie genießt die Bewunderung, die Kinder ihr entgegenbringen; dies scheint der Befriedigung eines ihrer Bedürfnisse zu dienen – im Rampenlicht zu stehen.

Der Hausbesuchsdienst der Gemeinde erfährt durch Susis Mitarbeit eine deutliche Bereicherung. Sie kennt keine Menschenscheu, ist überaus verbindlich und einsatzfreudig.

Wird ihr die volle Verantwortung für ein Programm übertragen, könnte sie, weil sie so zerstreut und gewöhnlich auch unproduktiv ist, in Schwierigkeiten geraten. Sie ist der Typ, dem am ehesten schwere Schnitzer unterlaufen. Weil aber die meisten Menschen Susi lieben, sind sie auch bereit, Nachsicht zu üben.

Ihre seelsorgerliche Beratung ist nicht die beste, da sie mit ihren Ratschlägen immer schnell bei der Hand ist, ohne zuvor ein Problem von allen Seiten zu prüfen. Trotzdem kommen auffallend viele mit ihren Problemen zu ihr wegen ihres gewinnenden Wesens. Als besonderer Anreiz wirkt sicher auch die Tatsache, daß sie im allgemeinen mit der Partei sympathisiert, der sie gerade zuhört.

Der Heilige Geist könnte Susi, gerade im Bereich der

Selbstdisziplin, eine große Hilfe sein. Sie ist von Natur aus eine willige Arbeiterin. Wichtig ist, daß sie zuverlässiger wird. Sicherlich hat jeder von uns schon einmal einen äußerst fähigen Menschen erlebt, der aber, weil man sich nicht auf ihn verlassen konnte, unbrauchbar wurde. Eine eben solche Dame – eine charmante, liebenswerte Sanguinikerin – erbot sich einmal, den Kinderchor unserer Gemeinde zu leiten. Die Kinder liebten sie, und die Zahl der kleinen Sänger und Sängerinnen stieg beträchtlich. Alles schien in bester Ordnung, bis zu dem Tag, an dem eine Mutter beschloß, der Chorprobe beizuwohnen, während sie auf ihr Kind wartete. Die Probe war für vier Uhr anberaumt. Um 4.10 Uhr war die Leiterin noch immer nicht eingetroffen. Dafür aber 35 aktive kleine Jungen und Mädchen. Ich wünschte, ich könnte berichten, daß sie alle mit gefalteten Händen auf ihren Stühlen saßen und geduldig auf die Ankunft ihrer Dirigentin warteten. Aber das entspräche nicht der Wahrheit, noch wäre es normal. Statt dessen jagten einige Jungen hinter den Mädchen her, andere warfen mit Büchern nach ihren Kameraden, und ein paar Mädchen kletterten über Stühle und Bänke. Endlich, um zwanzig nach vier, stürzte die Chorleiterin atemlos herein, schnappte sich mit einem verlegenen Lächeln die Jungen und Mädchen und zerrte sie auf ihre Stühle. Eilig erklärte sie der besorgten Mutter, daß sie noch einkaufen gewesen war, die Zeit sei ihr davongelaufen und sie habe gar nicht gemerkt, wie spät es war. Später erzählten die Kinder der Mutter, daß sich dieses Spielchen jede Woche wiederhole und sie regelmäßig warten müßten.

Der Gipfel aber war, als der Kinderchor eines Sonntagabends im Gottesdienst singen sollte. Die Kinder marschierten herein und nahmen auf den für den Chor bestimmten Bänken ihre Plätze ein. Um sieben Uhr sollte der Gottesdienst beginnen, und pünktlich um sieben saßen auch alle Kinder auf ihren Plätzen. Sie sahen allerliebst aus. Die Jungen hatten ihre Hemden sauber und ordentlich in den Hosen verstaut und das Haar glatt gekämmt, die Mädchen trugen Rüschenkleidchen und frischfrisierte Löckchen. Voll unverhohlener Aufregung und Spannung verfolgten die Eltern den Marsch ihrer Sprößlinge nach vorn. Der Gottesdienst begann, doch keine Chorleiterin war in Sicht. Um 7.30 Uhr schien klar zu sein, daß sie nicht mehr kommen würde, woraufhin der Pastor den Chor bat, sich zu erheben und ohne Dirigentin zu singen. Die anfängliche Selbstsicherheit der Kinder war mittlerweile etwas angeknackst, und obwohl sie sangen, zweifelte niemand daran, daß sie ihre Sache wesentlich besser hätten machen können. 35 Jungen und Mädchen fanden, ihre Leiterin habe sie im Stich gelassen. Und mit Recht. Unglaublich aber wahr: Susi war über das Wochenende weggefahren und hatte dieses bedeutende Ereignis total vergessen. Zur nächsten Chorprobe fanden sich ganze zehn Jungen und Mädchen ein. Susis Brauchbarkeit als Chorleiterin war dahin. Sie hatte die Kinder enttäuscht und vermutlich die Eltern verärgert. Wie nötig brauchte sie die Hilfe des Heiligen Geistes in ihrem Leben, um ein disziplinierterer und zuverlässigerer Mensch zu werden.

Jede Frau kann Gott dienen. Mit Paulus können wir übereinstimmend sagen:

„… dessen Diener [oder Lehrer oder Chorleiter oder wozu auch immer Gott mich beruft] ich geworden bin nach der Gabe aus der Gnade Gottes, die mir nach seiner mächtigen Kraft gegeben ist; mir, dem allergeringsten unter allen Heiligen (allen Temperamenten), ist gegeben diese Gnade, unter den Heiden zu verkündigen den unausforschlichen Reichtum Christi" (Epheser 3,7-8).

Er kann jede gebrauchen, die ihm ein williges Herz, ein hingegebenes Leben und die Bitte darbringt, mit dem Heiligen Geist erfüllt zu werden.

Allerdings muß die gläubige Frau darauf achten, daß sie bei all ihren Aktivitäten ein gesundes Gleichgewicht wahrt. Womöglich engagiert sie sich so sehr in der Reichsgottesarbeit, daß sie andere Dinge, wie Haushalt und Familie, die ja den absoluten Vorrang haben sollten, vernachlässigt. Wenn eine Mutter so beschäftigt ist, daß sie ihrem Mann nicht mehr die nötige Zuwendung schenken oder ihren Kindern aufmerksam zuhören kann, wird sie auch im Werk des Herrn nichts Brauchbares leisten können. Auf der anderen Seite benutzen manche Frauen auch Heim und Familie als Ausrede, sich nicht engagieren zu müssen. Hier tut das rechte Gleichgewicht not – wir müssen unserer Familie, unserem Heim und unserem himmlichen Vater dienen.

„Daß doch alle Menschen etwas merken möchten von eurer Güte! Der Herr ist nahe!" (Philipper 4,5).

Wie werden wir mit dem Heiligen Geist erfüllt?

„Warum mache ich bloß immer alles falsch?" schluchzte eine gläubige Ehefrau und Mutter, die Hilfe suchte. Es ist das alte Lied. Zwar wußte sie, wie sie bestimmten Versuchungen begegnen mußte, und trotzdem war sie ihnen jedes Mal erlegen. Naturgemäß stellten sie sich überwiegend in jenen Bereichen ein, in denen die Schwächen ihres Temperaments lagen. Und wie üblich wurden ihre Stärken, Gaben und Fähigkeiten von ihren allgegenwärtigen Schwächen zunichte gemacht. Erst als sie lernte, im Geist zu wandeln, wurde ihr die Möglichkeit geschenkt, letztere zu überwinden. Es geschah nicht von heute auf morgen; immerhin hatte sie so lange nach dem Fleisch gelebt und ihren Schwächen nachgegeben, daß sie mit tief eingefleischten Gewohnheiten behaftet war. Nach und nach jedoch lernte sie die Kunst, im Geist zu wandeln. Dies änderte ihr Leben.

In allen Lebensumständen und -phasen siegreich zu sein, steht und fällt mit dem Wandel im Geist. Weil ich mir nicht den gleichen Fehler nachsagen lassen möchte, den ein bekannter Bibellehrer in unserer Gemeinde machte, wollen wir uns einmal genau anschauen, was es heißt, im Geist zu wandeln. An einem Sonntagmorgen sprach dieser Bruder als Gastredner in der Vormittagspredigt über das geisterfüllte Leben. Es war eine Meisterleistung! Er hatte den Wandel im Geist so attraktiv und erstrebenswert dargestellt, daß, nachdem er geendet hatte, die Gemeinde danach dürstete, mit dem Geist erfüllt zu werden, wie es Paulus in Epheser 5,18 befiehlt. Tief bewegt sagte mein Mann zu ihm: „Das war großartig! Heute abend werden Sie uns doch hoffentlich erklären, wie wir im Geist wandeln sollen." Der liebe Bruder hielt den Atem an und starrte meinen Mann entgeistert an. Denn ihm war plötzlich klar geworden, daß er den wichtigsten Aspekt des Wandels im Geist vergessen hatte – das WIE.

Gott, unser liebender Vater, der uns geboten hat „Werdet voll Geistes", hat uns ein paar einfache Schritte aufgezeigt, wodurch dies möglich und erfahrbar wird:

1. Sie müssen die Erlösung annehmen, indem Sie den Herrn Jesus bitten, in Ihr Herz und Leben zu kommen. „Denn wer den Namen des Herrn anrufen will, soll errettet werden" (Römer 10,13). Die einzige Möglichkeit, Sündenvergebung zu erlangen, ist die, den Herrn anzurufen.

2. Sie müssen alle Bereiche Ihres Lebens unter die absolute Herrschaft des Heiligen Geistes stellen. „Und saufet euch nicht voll Wein, daraus ein unordentlich Wesen folgt, sondern werdet voll Geistes" (Epheser 5,18). Die Begriffe „voll" und „unter der Herrschaft" sind untereinander austauschbar. Wann immer die Bibel davon spricht, „voll Geistes" zu sein oder „erfüllt zu werden mit dem Heiligen Geist", ist dies gleichbedeutend mit „unter der Herrschaft des Heiligen Geistes zu stehen".

a. Unsere Gesinnung bestimmt unser Verhalten, deshalb ist es wichtig, daß wir unsere Gesinnung unter die Herrschaft des Heiligen Geistes stellen. „Denn die da fleischlich sind, die sind fleischlich gesinnt; die aber geistlich sind, die sind geistlich gesinnt" (Römer 5,8). Nach den Dingen des Fleisches zu trachten führt zu Tod und Trennung von Gott. Trachten wir dagegen nach den Dingen des Geistes, werden wir Leben und Frieden empfangen, nicht nur Frieden mit Gott, sondern Frieden mit uns

170

selbst. Was wir sind, bestimmt unser Denken, was wir denken, bestimmt unser Handeln und unser Handeln bestimmt unser Verhältnis zu Gott. So stehen denn unser Denken, unser Handeln und unser Verhältnis zu Gott gleichermaßen im Herrschaftsbereich des Heiligen Geistes, wenn wir uns ihm ausliefern.

b. Sobald Sünde in unser Leben dringt, wird der „Zustrom" des Heiligen Geistes sofort blockiert. Aus diesem Grund müssen wir jede Sünde unverzüglich Jesus Christus bekennen. „So wir aber unsere Sünden bekennen, so ist er treu und gerecht, daß er uns die Sünden vergibt und reinigt uns von aller Untugend" (1. Johannes 1,9).

3. Sie müssen regelmäßig im Wort Gottes lesen. Wenn wir einmal die Früchte des geisterfüllten Lebens und die des worterfüllten Lebens miteinander vergleichen, kommen wir zu einem interessanten Ergebnis:

Früchte des geisterfüllten Lebens (Epheser 5,18-21):
1. ein fröhliches Herz
2. ein dankbarer Geist
3. Bereitschaft zur Unterwerfung

Früchte des „worterfüllten" Lebens (Kolosser 3,16-18):
1. ein fröhliches Herz
2. ein dankbarer Geist
3. Bereitschaft zur Unterwerfung

Wenn Sie also Ihr Leben unter die Herrschaft des Heiligen Geistes stellen wollen, müssen Sie auch die Gedanken des Geistes kennen. Dies geschieht nicht durch Visionen oder Offenbarungen, sondern durch das Studium des Wortes Gottes.

Die meisten Frauen, die zu mir in die Seelsorge kamen, waren erstens nicht vom Geist Gottes beherrscht und lasen zweitens nicht regelmäßig in der Bibel. Die tägliche Bibellese ist Voraussetzung für das Wachstum und den Wandel im Geist. So wie der allmorgendliche Blick in den Spiegel wichtig ist für eine ordentliche Körperpflege, so ist auch der Blick in den Spiegel des Wortes

Gottes wichtig für die tägliche Pflege unseres geistlichen Lebens.

4. Sie müssen ein Gespür dafür entwickeln, wenn Sie den Heiligen Geist in Ihrer Gesinnung betrüben. Die Art und Weise, wie Sie ihn betrüben, wird wahrscheinlich von Ihrem Temperament bestimmt. Phlegmatiker und Melancholiker neigen dazu, durch Sorgen, Kleinglauben und Furcht wider den Geist zu sündigen. Sanguiniker und Choleriker betrüben den Geist Gottes eher durch Äußerungen des Zorns, der Bitterkeit und durch eine feindselige Haltung. „Und betrübet nicht den heiligen Geist Gottes, mit dem ihr versiegelt seid auf den Tag der Erlösung” (Epheser 4,30).

Eine tiefgläubige Dame bekannte mir einmal, daß sie in ihrem Glaubensleben immer mehr nachließe. Mein Eindruck von ihr war stets der eines ungemein kontaktfreudigen, anziehenden und liebenswürdigen Menschen gewesen. Gott hatte sie als Werkzeug benutzt, um erst ihren Mann und dann auch ihre drei Kinder, alle Teenager, zu Christus zu führen. Doch unter Tränen erzählte sie mir eine ganz andere Geschichte. „Seit Monaten schon bin ich gereizt und nervös. Meinen Mann keife ich an, meine Kinder brülle ich an, und neulich wurde ich so wütend, daß ich mit dem Fuß aufstampfte und fluchte. So pflegte ich mich vor meiner Bekehrung zu benehmen.”

Auf meine Frage „Welches war Ihr schlimmstes Erlebnis innerhalb der letzten Monate?” antwortete sie zögernd: „Erfahren zu müssen, daß mein Mann ein Verhältnis gehabt hat.” Ihr melancholischer Ehemann hatte nach seiner Bekehrung ein so geschärftes Gewissen, daß er sich gedrängt fühlte, seiner Frau seine Untreue zu gestehen.

Das Interessante an der Sache war – sie hatte ihrem Mann vergeben, zumal sie erkannt hatte, daß ihn das Blut Christi von seinen Sünden reingewaschen hatte. Sein Versprechen, diese Frau nie wiederzusehen, hatte sie akzeptiert. Ihr Mann war also nicht das Problem. Das Problem bestand vielmehr darin, daß sie die andere Frau kannte! Tatsächlich handelte es sich um eine langjährige Freundin der Familie und eine gläubige Frau, mit der sie früher sogar einmal für die Errettung ihres Mannes gebetet hatte. Nun, sooft sie an diese Frau dachte, packte sie der Zorn. „Der Gedanke, wie sie mein Vertrauen und meine Freundschaft mißbraucht hat, bringt mich zur Weißglut", erklärte sie. Mir fiel auf, wie sie sich bei diesen Worten verkrampfte und ihre Hand zu zittern begann. Auf ihre zitternde Hand deutend, bemerkte ich: „Diese Frau hat Ihnen wirklich übel mitgespielt, nicht wahr?" Woraufhin sie einen Wutanfall bekam und schließlich schluchzend zusammenbrach.

Jetzt wurde selbst ihr klar, daß sie im Begriff war, von ihrem Haß und ihrer Bitterkeit verzehrt zu werden, und daß sie etwas dagegen unternehmen mußte. Wir nahmen uns einige Bibelstellen vor, in denen von Vergebung die Rede ist (z.B. Matthäus 6,14). Sie wurde bereit, Gott ihren Haß gegen diese Frau zu bekennen. Allmählich begann sie zu vergessen, „was dahinten ist", und fing an, im Geist zu wandeln. Heute ist sie wieder die strahlende Christin von einst, weil sie aufgehört hat, den Heiligen Geist durch die Gesinnung ihres Herzens zu betrüben.

Wenn Ihre geistige und geistliche Haltung vom Heiligen Geist bestimmt ist, wird auch Ihr Handeln vom Geist bestimmt sein. Deshalb hängt der Wandel im Geist von unserem persönlichen Verhältnis zu Gott ab. Denn unser Verhältnis zu ihm ist letztlich der Schlüssel zu unserem Verhältnis zu unseren Mitmenschen.

Tim LaHaye
Ausweg – aus Depressionen

Der erfahrene Ehe- und Familienberater nimmt Belastete
und die mit ihnen zu tun haben geduldig an die Hand, klärt
schwierige Vorgänge in Körper und Seele und zeigt
erprobte „Auswege" aus der Krankheit auf. Viele haben
durch den Verfasser schon Heilung gefunden und sind
voller Dank in ein „normales" Leben zurückgekehrt. Tim
LaHaye ist der Autor des erfolgreichen Ehebuches „Wie
schön ist es mit dir" (Millionenauflage).
Paperback
240 Seiten
3. Auflage
Best.-Nr. 15 339

Ed Wheat
Liebe ist Leben

Das Buch richtet sich an alle Ehepaare – ganz gleich, ob
sie miteinander glücklich, gleichgültig oder zerstritten sind.
Denn der Verfasser führt in den außerordentlich
komplizierten Prozeß der Liebe ein, der erlernt werden
muß. Das weite Themenmosaik umfaßt ebenso das erste
Stadium des Verliebtseins und die Rolle der schwankenden Emotion wie die Fürsorge, die kameradschaftliche
Zuwendung und das Verlangen nach romantischer Liebe.
Als guter Ratgeber erweist er sich auch für Ehepartner,
deren Verhältnis von Untreue überschattet ist. Zugrunde
liegt dem Buch die positive Haltung der Bibel zur Ehe und
ihrer vollen Entfaltung.
Paperback
256 Seiten
2. Auflage
Best.-Nr. 15 345

Eberhard und Claudia Mühlan
Menschenskinder

Kindererziehung aus biblischer Sicht. Trotz allem: Auch in
unseren Tagen brauchen Eltern nicht zu resignieren. Die
beiden Autoren – sie haben fünf eigene und sechs
angenommene Kinder – beschreiben ihr Familienleben,
das jedermann, der es miterlebt, staunen läßt. Biblische
Maßstäbe und moderne Erkenntnis bilden die goldrichtige
Grundlage für ein fröhliches Miteinander, das die Lösung
von Konflikten erleichtert. Das Buch ist wieder ein Plädoyer
für die Familie als Keimzelle und Stützpfeiler der
Gesellschaft. Übertriebene Psychologisierung und
antiautoritäre Methoden erfahren ihre wohlverdiente
Absage.
Paperback
144 Seiten
3. Auflage
Best.-Nr. 15 347

Eberhard Mühlan
Ehe und Familie in der Zerreißprobe

Der antichristliche Angriff auf die Ehe. Allgemeine
Kinderfeindlichkeit, Abtreibungsrekorde, ständig
steigende Scheidungsraten, besorgniserregende
Entwicklungen im staatlichen Erziehungssystem – dies
sind die Symptome einer kranken Gesellschaft. Der Autor
empfiehlt eine bewährte Medizin: ein Leben nach
biblischen Maßstäben.
Gebundene Ausgabe
176 Seiten
2. Auflage
Best.-Nr. 15 373